Elke Clausen

Auf Messeerfolg programmiert

Digitale Transformation - So revolutionieren Sie Ihre Leadgenerierung

www.tredition.de

© 2016 Elke Clausen

Verlag: tredition GmbH, Hamburg

ISBN
Paperback: 978-3-7345-1569-9
Hardcover: 978-3-7345-1570-5
e-Book: 978-3-7345-1571-2

Printed in Germany

Das Werk, einschließlich seiner Teile, ist urheberrechtlich geschützt. Jede Verwertung ist ohne Zustimmung des Verlages und des Autors unzulässig. Dies gilt insbesondere für die elektronische oder sonstige Vervielfältigung, Übersetzung, Verbreitung und öffentliche Zugänglichmachung.

Vorwort **11**

Wie gut kennen Sie Ihren Zielkunden? **12**

Wie stellt sich der Status quo der B2B-Anbieter dar? **16**

Bedeutung der Messe im Beschaffungsprozess **18**

Welche Konsequenzen ziehen B2B-Firmen für ihre Messebeteiligung? **20**

Machen Sie Ihr Team fit für das digitale Zeitalter **24**
Marketing und Vertrieb – ein schlagkräftiges Team! 24
Das neue Bild des Verkäufers – Soft Skills sind „Key Success Factor"...... 25

Optimieren Sie Ihre Kundenkommunikation für die digitale Reise **27**
Etablieren Sie ein Customer-Touchpoint-Management 27
Analysieren Sie Ihre bestehenden Customer Touchpoints 28
Mit SEO-Optimierung Interessenten besser verstehen 29
Stellen Sie ein vernetztes Adressen-Management sicher 30
Integriertes Leadprozess-Management ist ein „Must have" 30

Lead-Definition – nicht jeder Interessent ist ein Lead **32**

Lead-Nurturing **34**
Mit Inbound-Marketing qualifizierte Leads generieren 35
Beschleunigen Sie Ihre Reaktionszeit 37

Das Instrument Messe besser verstehen **38**
Messe ist Teil des übergeordneten Marketingkonzeptes 38
Messe ist ein Teamprojekt von Marketing und Vertrieb 39
Effiziente Vertriebsplanung durch Messe-Integration 40
B2B-Messe ist ein Prozess 41
Veränderter Blickwinkel schafft Mehrwert 42
7-Phasen-Messe-Management 43
Ihr Ziel ist der Weg! 44
Messbare Ziele sind die Basis für Ihr Konzept 46

Leadbogen – Ihr wichtigstes Messeinstrument **52**
    Umgang mit dem Leadbogen auf der Messe 53

Crossmediale Leadgenerierung **55**
    Vorteile der Multi-Channel-Strategie 56

Landingpage – Ihr wichtigster Customer-Touchpoint für die Leadgenerierung **58**

Mehrstufiges Einladungskonzept garantiert den Erfolg **62**
    Zielgruppendefinition 62
    Dialog basierte Adressenqualifizierung 63
    Zielgruppenspezifische Einladung 64
    Umgang mit Eintrittsgutscheinen 65
    Response-Element fördert den Dialog 66
    Telefonische Nachfass-Aktion 66
    Vereinbarung von Messeterminen 67
    Sagen Sie nach der Messe „Danke für Ihren Besuch" 69
    Umgang mit No-Shows 70
    Roadmap mit Milestones für Aktions-Ablauf 71

Weitere Quellen für Ihre Leadgenerierung **72**
    E-Mails 72
    Korrespondenz-Aufkleber 73
    Eintrag im Aussteller-Katalog 73
    Messe News-Ticker 73
    Special Interest Portale 74
    Branchen-Plattform – die 365-Tage-Messe 74
    Fachbesucherdatenbank als Leadgenerator 74
    Professionelle Lead-Generierung durch externe Dienstleister 75
    Match-Making-Programme 75
    Soziale Netzwerke als Akquisitionsinstrument 76
    Spannungsbogen vor der Messe aufbauen 77

Serviceorientierte Messestandorganisation **78**
    Messe-Terminkalender 78
    Digitale Leaderfassung ermöglicht kurze Reaktionszeit 80

Back-Office 81

Generieren Sie zusätzliche Leads durch einen besucherfokussierten Messeauftritt! 83
Selektive Wahrnehmung beeinflusst Besucherverhalten 83
Emotionale Beeinflussung – Ihr Unternehmen mit allen Sinnen erleben 84
Impulse statt Produkte! Komponenten findet jeder im Internet! 85
Querdenken erwünscht 85
Materialschlacht ade! 86
Sorgen Sie für ein „Aha-Erlebnis" bei Ihren Besuchern 86
Produktvorteile oder Lösungsdenken? 86
Kundennutzen als Schlüsselbotschaft 87
Präsentationen sind kein Ersatz für das Messegespräch 88

Messegespräch - mit dem Besucher auf Augenhöhe 89

Sales Package – ein MUSS für den Vertrieb 92
Internes Messe-Handbuch 93
Messe-Etikett-Handbuch 94
Fragebogen Team-Feedback 94
Prospekte und anderes Informationsmaterial 95

Messetraining – Trockenübungen als Ersatz für die Messewirklichkeit? 96
Virtuelles Messebriefing als effiziente Teamvorbereitung 98

Vor-Ort-Leadgenerierung als interessante Option 100
Multitouch-Präsentation generiert wertvolle Leads 100
Spezial-Präsentationen 101
Messe-Rahmenprogramm 101
Expertenprofil schärfen – Multiplikationseffekte nutzen 102
Guided Tours für Besucher 102
Beacon-Technologie – eine Idee mit viel Zukunftspotenzial 103
Mit Web-TV die Reichweite Ihres Auftritts steigern 105
Messezeitung 107
Werbung in Messehallen & auf Messegelände 107
Verkehrsmittel-Werbung 107

TV-Spots im Hotel..108

Messe-Nachbearbeitung – der Zeitfaktor entscheidet 109
Messeleads kontaktieren, solange sie heiß sind 110
Adressenabgleich mit CRM System..110
Kategorisierung der Messekontakte 110
Übergabe heißer Leads an Vertrieb 111
Übrige Kontakte reifen durch automatisiertes Nurturing....................111

Messereport – wie war's? 112
Analyse Ihrer Vor-Messe-Aktivitäten 112
Analyse der Besucher-Herkunft 112
Qualitative Analyse der Messegespräche 113
Was sagen Ihre Besucher? 115
Was sagt Ihr Team?..116
Feedback an das Team ist eine Managementaufgabe........................116

Fazit 117

Adressen für weiterführende Informationen 118

Auf Messe-Erfolg programmiert

Digitale Transformation – So revolutionieren Sie Ihre Leadgenerierung

Vorwort

Noch nie war Messe so wichtig und wertvoll wie heute. In unserer digitalisierten und virtuell geprägten Geschäftswelt tritt der persönliche Kontakt mit Bestands- und Wunschkunden zunehmend in den Hintergrund. Als Live-Instrument wird die Messe deshalb zu einem der wichtigsten Customer-Touchpoints (Kundenberührungspunkt).

Die Rahmenbedingungen für den B2B-Beschaffungsprozess und somit auch für Ihre geplante Messebeteiligung haben sich allerdings massiv verändert. Die ursprünglich im B2C-Markt entwickelte Digitalisierung der Kommunikation hat in den B2B-Markt Einzug gehalten mit allen daraus resultierenden Vorteilen und Konsequenzen. Das bedeutet, Sie müssen Ihr Konzept zur Leadgenerierung diesen neuen Bedingungen anpassen und sich die digitale Transformation für Ihre Messebeteiligung zu Nutze machen.

Schauen wir uns als nächstes diese Rahmenbedingungen an und analysieren, welche Rückschlüsse Sie daraus im Hinblick auf Ihre Leadgenerierung ziehen sollten.

* Anmerkung: Da ich weiß, dass jedes Unternehmen unter dem Begriff „potenzieller Kunde" etwas anderes versteht hier meine Definition: Potenzielle Kunden sind Firmen die aufgrund ihres Profils zu Ihnen als möglicher Kunde passen würden, aber noch kein kaufender Kunde sind. Sie haben lediglich das Potenzial ein kaufender Kunde werden zu können.

Wie gut kennen Sie Ihren Zielkunden?

Ist Ihnen bewusst, dass bereits mehr als ein Drittel der B2B-Entscheider in Deutschland unter 35 Jahre als ist? Die Unternehmensberatung Roland Berger hat 2015 zusammen mit Google im Rahmen ihrer Studie („THINK ACT – The digital future of B2B-sales")ermittelt dass in den USA sogar schon 46% der Personen die über B2B-Investitionen entscheiden unter 35 Jahre alt sind! Das bedeutet eine deutliche Steigerung im Vergleich zu 2012 mit 27%! Das Informations-, Kommunikations- und Beziehungsverhalten dieser sogenannten „Millennials" unterscheidet sich gravierend von der vorgehenden Entscheidergeneration. Mit weitreichenden Folgen für Sie als Anbieter.

Der Beschaffungsprozess ist wesentlich komplexer geworden. Diese Generation besorgt sich ihre Informationen mehrheitlich Online über die unterschiedlichsten Kanäle: Homepages in Frage kommender Anbieter sind hier ebenso gefragt wie Blogs, Online-Communities, Webinare, Webcasts, E-Newsletter, Industrie-Portale, Suchmaschinen, Online-Kataloge usw. Auch die Online- und Offline-Angebote der Fachmedien geben dem Entscheider einen guten Überblick über mögliche Lieferanten.

So ist es nicht überraschend, dass der Beschaffungsprozess dieser Zielgruppe bereits zu mindestens 57% (andere Studien sagen sogar zu 70%) abgeschlossen ist, bevor sie mit Ihnen als Anbieter persönlich Kontakt aufnehmen.

Und das tun sie dann auf Augenhöhe. Noch nie waren B2B-Entscheider so gut informiert über Ihren Markt und die sich bietenden Lösungen (von Ihnen und Ihren Wettbewerbern) wie heute. Dank Internet.

Gleichzeitig ist es diese Generation gewohnt über Facebook, Skype, XING oder LinkedIn ihre Beziehungsnetzwerke aufzubauen, zu kommunizieren und so Erfahrungen oder Meinungen zu Produkten, Dienstleistungen und Services einzuholen. Die Bequemlichkeiten des privaten Online-Kaufes zum Beispiel bei Amazon nehmen sie als Maßstab für einen ebenso „einfachen und komplikationslosen" B2B-Beschaffungsprozess. Schnell stellt sich ihnen die Frage, wie „einfach" es ist, die geplante Investition mit einem B2B-Anbieter umzusetzen.

Für Komponentenhersteller stellt diese Anforderung bereits heute eine ernstzunehmende Wettbewerbsfrage dar. Wer keinen Online-Shop anbietet hat über kurz oder lang verloren. Aber auch die Hersteller komplexer Investitionsgüter sollten mittelfristig Lösungen für die „Jetzt-kaufen"-Button-Mentalität finden, wollen sie ihr Feld nicht kampflos Wettbewerbern überlassen. Einige Hersteller haben dies bereits verstanden und bieten Besuchern ihrer Homepage ein Engineering- oder Beratungstool an. Mit diesem Instrument kann der potenzielle Kunde eine denkbare Applikation konfigurieren und so testen, inwieweit dieser Anbieter als Lösungsanbieter in Frage kommt. Das mindeste, was Sie angesichts dieser neuen Kundenerwartungen tun sollten: Prüfen Sie Ihre Interaktions-, Informations- und Serviceangebote und optimieren Sie sie gegebenenfalls.

Natürlich greift diese digitale Transformation nicht bei allen Branchen zeitgleich. Mag sein, dass Sie in Ihrer Branche von diesen Umwälzungen bisher wenig gespürt haben. Aber schon alleine die demografische Entwicklung unserer Gesellschaft wird Sie über kurz oder lang mit diesem neuen Entscheidertypus, seinen Anforderungen, Wünschen und Erwartungen konfrontieren. Diese Disruption zeigt sich zurzeit am stärksten im IT-Markt. Aber auch Elektroindustrie sowie Maschinen- und Anlagenbauer müssen sich kurzfristig auf diese veränderten Anforderungen einstellen, wollen sie nicht wertvolle Marktanteile verlieren. Die aktuelle BDI-Studie „Die Digitale Transformation der Industrie" zeigt eindrucksvoll welche ungeahnten Chancen in dieser sich abzeichnenden Entwicklung für die europäische Industrie stecken. Sie macht aber auch deutlich, mit welchen enormen Verlusten Europa rechnen muss, wenn dieser Trend nicht ernsthaft umgesetzt wird. Wobei diese Disruption* nicht nur den Beschaffungsprozess sondern den gesamten Industrieprozess nachhaltig beeinflussen wird.

*Disruption bedeutet Unterbrechung. Damit ist in diesem Fall die Zerstörung traditioneller Geschäftsmodelle und Wertschöpfungsketten gemeint: Branchenfremde Unternehmen brechen in die Phalanx etablierter Anbieter ein und nehmen ihren Platz ein. Ein Beispiel für die sich anbahnende Veränderung ist die Einführung des Apple iTunes Music Stores. Apple hat mit dieser strategischen Entscheidung nicht nur die CD-Produzenten sondern auch den Handel überflüssig gemacht. Das heißt, es werden völlig neue Geschäftsmodelle mit neuen Akteuren, veränderten Prozessen und Kommunikationsmöglichkeiten geschaffen. „Internet der Dinge" (IoT) oder „Industrie 4.0" sind nur einige aktuelle Beispiele.

Wie stellt sich der Status quo der B2B-Anbieter dar?

Kluft zwischen dem Online-Verhalten der Anbieter vs. jenem der Einkäufer

Roland Berger hat in seiner Studie „THINK ACT – „The digital future of B2B-sales" folgendes herausgefunden:

➔ 60% der befragten Sales Manager betrachtet die zunehmende Digitalisierung des Verkaufsprozesses kritisch, um nicht zu sagen als schädlich für ihren Verkaufserfolg.

➔ 58% der befragten Unternehmen verfolgen bei der Digitalisierung des Vertriebs keine Strategie, planen keinen Ausbau digitaler Strukturen oder können dies nicht einschätzen.

➔53% bieten keine integrierte digitale Lösung für Bestellungen oder Produktkonfigurationen.

Andere Studien belegen, dass die Bedeutung der digitalen Transformation vom Management zwar durchaus erkannt wird. Häufig wird hier jedoch darauf verwiesen, dass dies eine Aufgabe für die nächste Generation sei.

Die Universität Münster hat bereits 2012 in einer für die Deutsche Messe Interactive durchgeführten Studie „Information und Kommunikation im Kaufprozess von B2B-Unternehmen" festgestellt, dass zwei Drittel der Entscheider nach ihrer Informationsphase lediglich Angebote von 2-3 Anbietern einholt. Ein weiteres Argument warum es essentiell wichtig ist, bereits in der Phase der Erst-Information für potenzielle Neukunden Online auf den unterschiedlichsten Kanälen präsent zu sein, um auf die Shortlist der Entscheider zu kommen.

Bedeutung der Messe im Beschaffungsprozess

Trotz der zuvor beschriebenen Online-Aktivitäten im Informations- und Beschaffungsprozess der B2B-Entscheider nimmt die Messe vor allem im Industrie-Procurement nach wie vor eine wichtige Rolle ein. Eine aktuelle Studie des AUMA (Ausstellungs- und Messeausschuss der Deutschen Wirtschaft) zum Informations- und Beschaffungsverhalten der Entscheider belegt dies eindrucksvoll. Vor allem von Industriekunden wird die Messe in allen Phasen der Entscheidungsfindung aktiv genutzt:

28% in Phase 1 = Marktinformation
12% in Phase 2 = aktive Suche / Angebotsvergleich
 4% in Phase 3 = Kaufentscheidung

Wobei Unternehmen >250 Mitarbeiter die Messe in Phase 1 öfter nutzen als kleine Industrieunternehmen. Während die Messe für mittlere Unternehmen (50-249 MA) und kleine Unternehmen (0-49 MA) in Phase 2 eine wesentlich größere Rolle spielt als für die Unternehmen >250 MA.

Welchen Stellenwert die Messe insgesamt für B2B-Entscheider hat, zeigt die Tatsache, dass 84% von ihnen dieses Instrument im Informations- und Beschaffungsprozess aktiv nutzen. So weisen die Besucherzahlen der internationalen Leitmessen schon seit einigen Jahren einen steigenden Anteil dieser Zielgruppe unter den Besuchern aus.

Naturgemäß unterscheidet sich der Umgang mit dem Instrument Messe bei dieser Zielgruppe erheblich von jenen Besuchern, die noch vor einigen Jahren die Fachmessen bevölkerten, als ganze Abteilungen ausschwärmten um Informationen über Neuheiten etc. einzusammeln. Als Aussteller werden Sie diese Entwicklung vermutlich auch in Ihrer Branche gespürt haben. Die Fachbesucher von heute gehen sehr strukturiert vor. Laut einer Untersuchung der Messe Frankfurt von 2015 beginnen 50% die Vorbereitungen bereits drei Monate vor Messestart. Wobei das Internet mit 62% der bevorzugte Informationskanal ist. Als Besuchsgrund nannten die 1.786 Befragten Produktneuheiten (65%) und das Ausstellerprofil mit 52%. Gut zwei Drittel der Besucher war es wichtig, ihnen bekannte und neu recherchierte Kontakte zu besuchen. Diese Besucher kommen also extrem gut informiert zur Messe, planen ihren Aufenthalt sorgfältig und haben eine eng getaktete Agenda. 86% vereinbaren ihre Messetermine laut AUMA-Studie vor der Messe. Nicht selten sind es 10-15 Terminvereinbarungen. Wobei die durchschnittliche Aufenthaltsdauer auf den internationalen Leitmessen in Deutschland bei ca. 1,5 Tagen liegt.

Welche Konsequenzen ziehen B2B-Firmen für ihre Messebeteiligung?

Wenn ich meine 30jährige Messeerfahrung mit der Investitionsgüterindustrie Revue passieren lasse – zu wenig. Nach wie vor gilt bei vielen Ausstellern das Credo „Dabei sein ist alles!" oder „Wir gehen hin, weil der Wettbewerb auch da ist!" oder „Wir gehen schon seit Jahren auf diese Messe!" Strategische Entscheidungen oder klare, nachprüfbare Messeziele? Fehlanzeige. Auch der Gigantismus in Bezug auf den Messestand hat offensichtlich nichts von seiner Bedeutung verloren. Die Designauszeichnung für den besten, schönsten Messestand ist häufig wichtiger als eine professionelle Teamvorbereitung. Viele Messeauftritte werden immer noch aus der Innensicht des Unternehmens konzipiert – die Kundenbrille setzen nur wenige auf.

Auch einige Vorurteile halten sich hartnäckig. So wird ein voller Messestand allzu gerne mit Messeerfolg gleichgesetzt. Dabei ist das Thema Messecontrolling nach wie vor das Stiefkind vieler Aussteller. Woher wollen diese Aussteller also wissen, dass ihre Beteiligung ein Erfolg war? Analysiert man nämlich diese „vollen Messestände" kann es durchaus passieren, dass die Hälfte bis zu 90% der geschriebenen Gesprächsprotokolle im Papierkorb landen weil sie unbrauchbar sind. Und warum ist das passiert? Weil die Menschenmassen durch irgendeine „Aktion" am Messestand ausgelöst wurde mit der die Kernzielgruppe aber offensichtlich nicht angesprochen werden konnte.

Bei der Messeeinladung – einem Schlüsselinstrument für die Generierung hochqualifizierter Messeleads – wird unverdrossen das Gießkannenprinzip angewandt. Man drückt auf den Knopf der Datenbank, die dann zweitausend oder mehr Adressen ausspuckt. Um der zumeist nicht personalisierten und häufig inhaltlich nichts sagenden Einladung: "Wir stellen aus... Halle... Stand-Nr.... und freuen uns auf Ihren Besuch" mehr Nachdruck zu verleihen, verschickt man gleich die Eintrittskarten-Gutscheine mit.

Und die Verkäufer? Sie werden mit Vorliebe ein oder zwei Tage vor der Messe eingeweiht. Bis zu diesem Zeitpunkt kennen viele von ihnen weder die Messeziele noch den Themenschwerpunkt der Beteiligung oder die Features der präsentierten Produktneuheit. Warum auch? Die Messe ist schließlich Sache des Marketings. Damit hat der Vertrieb nichts zu tun. Diese Haltung resultiert aus der falschen Annahme, die Messe sei ein Event, ein singulär stattfindendes Kommunikationsereignis. Warum soll sich ein Vertriebler schon Monate vorher mit der Messe befassen? Es reicht doch, wenn er am ersten Ausstellungstag präsent ist. Dass der B2B-Entscheider auf der anderen Seite seine Agenda für den Messebesuch bereits mit unzähligen Terminen gefüllt hat, scheint niemanden zu interessieren. Die Verkäufer stehen auf dem Messestand und warten entweder auf ihre „good old fellows" oder Zufallstreffer, mit denen man hofft ins Gespräch zu kommen.

Das Thema der Messe-Nachbearbeitung zeigt ebenfalls noch erheblichen Optimierungsbedarf. In seiner aktuellen Studie hat der AUMA diese Frage zum wiederholten Male an Fachbesucher gestellt. Zwar haben sich die Werte im Vergleich zu 2008 verbessert aber von einer hundertprozentigen Zufriedenheit kann keine Rede sein. Immer noch beklagen 15% der Besucher, dass sie nach der Messe nie wieder vom Aussteller gehört haben. Von denen die ein Feedback erhielten waren nur 60% wirklich zufrieden. Eine erfolgreiche Leadgenerierung sieht anders aus.

Sie mögen diese Darstellung für übertrieben halten. Sie mag bei Ihnen gar nicht oder nur partiell zutreffen. Fest steht jedoch, dass jede dieser Vorgehensweisen in einem krassen Gegensatz zu dem strukturierten Vorgehen des Entscheiders auf der anderen Seite steht. Es ist absolut kontraproduktiv und verhindert, dass die Beteiligung zu einem messbaren Erfolg führt. Die veränderten Rahmenbedingungen Ihrer geplanten Messebeteiligung machen ein Vorgehen nach dem Motto: „Same procedure as every year" unmöglich. Das Push-Marketing ist längst dem Pull-Marketing gewichen.

Das bedeutet, Sie müssen gerade vor einer Messe mit interessantem Content an den relevanten Customer-Touchpoints präsent sein, um von Ihrem potenziellen Kunden gefunden zu werden. Das bedingt auch, dass Sie jederzeit dialogbereit sind, das heißt Interaktionsmöglichkeiten anbieten. Ein ausgeklügeltes In-bound-Marketing wird Sie hierbei unterstützen. Für Ihren Vertrieb bedeutet es, dass er das Instrument proaktiv lange vor der Messe nutzen muss, um auf die Agenda des Messebesuchers zu kommen. Insgesamt bietet diese Entwicklung für Ihre Messebeteiligung eine unglaubliche Chance. Sie können mit einem dualen Online-Offline Kommunikations- und Akquisitionskonzept ordentlich punkten und sich Vorteile gegenüber Wettbewerbern sichern.

Hierzu ist es allerdings erforderlich, dass Sie eventuelle Schnittstellenprobleme beseitigen und Ihren internen Messe- und Leadgenerierungsprozess den neuen Anforderungen anpassen.

Machen Sie Ihr Team fit für das digitale Zeitalter

Als erstes müssen Ihrem Team diese gravierenden Veränderungen mit den daraus resultierenden Konsequenzen bewusst sein. Vor allem Marketing und Vertrieb müssen die mit der digitalen Transformation verbundenen Chancen zunächst verstehen, bevor Sie daran gehen können, die notwendigen Schritte einzuleiten. Beide Abteilungen werden ihre Aufgabe möglicherweise gründlich hinterfragen und neu definieren müssen.

Marketing und Vertrieb – ein schlagkräftiges Team!

Kennen Sie das Schnittstellenproblem Marketing vs. Sales? Dieser Konflikt ist so alt wie überflüssig. Angesichts des zuvor beschriebenen digitalen Transformationsprozesses in der Kundenkommunikation zudem eine absolut kontraproduktive Ausgangssituation. Grundsätzlich, also nicht nur für Ihre anstehende Messeplanung, ist es notwendig, dass diese beiden Abteilungen eng zusammenarbeiten und sich konstant austauschen. Die Aufgaben des Marketings haben sich in den letzten Jahren stark verlagert. Neben der strategischen und konzeptionellen Planung der Marketingmaßnahmen stehen heute auch Leadgenerierung und Lead-Vorqualifizierung für den Vertrieb auf der Agenda. Das heißt, Adressen werden dem Vertrieb erst dann übergeben, wenn sie hinsichtlich Investitionsbedarf und Kaufbereitschaft als „heiße Leads" eingeschätzt werden können.

Das neue Bild des Verkäufers – Soft Skills sind „Key Success Factor"

Globalisierung und Cyberspace haben unser Verständnis der klassischen Kunden-Anbieter-Beziehung mächtig ins Wanken gebracht! Die interaktive Kunden-Anbieter-Beziehung hat das klassische Marketing längst abgelöst. „Micro-Segmentierung" und "Customer Integrated Marketing" gehören heute bereits zum Selbstverständnis. Ein Produkt für alle? Die Zeiten sind vorbei. Die Micro-Segmentierung verlangt nach individueller Ansprache. Der selbstbewusste und souveräne Entscheider von heute will nicht länger in Schubladen gesteckt werden. Er will als Partner wahrgenommen werden, der auf Augenhöhe verhandelt. Da ist es nicht überraschend, dass die einst als Erfolgsmodell propagierte „Hard-Selling-Methode" nicht mehr funktioniert – sie ist ein Auslaufmodell geworden.

Das „Customer Integrated Marketing" hinterlässt vor allem im Vertrieb deutliche Spuren. Wer komplexe Lösungen für und mit Kunden entwickelt, hat die Phase des reinen Verkaufens längst hinter sich gelassen. Dieser neue Typus Mitarbeiter versteht sich als Coach und Berater seiner Kunden. Soft Skills wie soziale und emotionale Kompetenz werden zum „Key success factor" - Relationship Management versteht sich nicht länger als Worthülse sondern als gelebte Unternehmenskultur.

Mit anderen Worten: Ihre Verkäufer haben nicht nur die Kontrolle über den Beschaffungsprozess verloren sondern sie müssen ihre Aufgabe möglicherweise völlig neu definieren. Das wird ihnen gelingen, wenn Sie Ihrem Team mit Schulungen dabei helfen, sich dieses neue Rollenverständnis zu erarbeiten und dabei gleichzeitig die Wünsche, Bedürfnisse und Erwartungen der neuen Entscheidergeneration zu verstehen.

Optimieren Sie Ihre Kundenkommunikation für die digitale Reise

Neben der Beseitigung von Schnittstellenproblemen geht es nachstehend primär um die Frage, wo Sie den Hebel für Ihre künftige Kundenkommunikation mit der Sie Leads generieren wollen, ansetzen sollten. Setzen Sie sich bei dieser Analyse grundsätzlich die Kundenbrille auf und fragen sich: „Was würde ich an dieser oder jener Stelle von dem Anbieter erwarten? Was würde mich interessieren? Wie sollte er reagieren?"

Etablieren Sie ein Customer-Touchpoint-Management

Eine der vordringlichsten Unternehmensaufgaben im Hinblick auf die Erwartungen, Wünsche und Anforderungen des neuen Entscheidertyps und dem von ihm bestimmten Beschaffungsprozess ist die Einrichtung eines funktionstüchtigen Customer-Touchpoint-Managements (Kundenkontaktpunkt-Management). Sie müssen wissen welche Kundenkontaktpunkte es in Ihrem Unternehmen gibt und entscheiden wie sie zu bedienen sind. Das ist keine Aufgabe, die man so nebenbei erledigen kann, denn es betrifft Ihr Unternehmen als Ganzes. Jede Abteilung, die mit Kunden in Berührung kommt, ist ein Touchpoint – vom Pförtner bis zum Management – alle sind in die Umsetzung dieser Strategie einzubinden.

Anne M. Schüller, Deutschlands führender Businesscoach zu diesem Thema bringt es so auf den Punkt:" *Wie viel eine Unternehmensstrategie wirklich taugt, entscheidet sich in den "Momenten der Wahrheit" an den Kontaktpunkten (Touchpoints) eines Unternehmens. Diese entstehen überall da, wo ein (potenzieller) Kunde mit einem Anbieter und seinen Mitarbeitern, Produkten, Services und Marken in Berührung kommt: offline, online, mobile.*

Dies kann in direkter Form (Verkäuferbesuch, Anzeige, Website, Hotline, Rechnung, Reklamation etc.) oder auf indirekte Weise (Meinungsportal, User-Forum, Presseartikel, Testbericht, Mundpropaganda, Weiterempfehlung etc.) geschehen." Mit anderen Worten: Diese Tuchfühlung mit dem Kunden von heute muss vom ganzen Unternehmen gelebt werden – vor allem auf der Messe.

Analysieren Sie Ihre bestehenden Customer-Touchpoints

Sie wissen, dass Ihre Entscheider sich völlig unabhängig von Ihnen alle notwendigen Informationen im Internet beschaffen. Sie wissen aber an dieser Stelle möglicherweise noch nicht wo Sie Ihren potenziellen Kunden virtuell treffen könnten. Es hilft Ihnen auch nichts, dass Ihr Wettbewerber bereits auf Twitter aktiv ist. Für Sie kann das der völlig falsche

Kanal sein. Finden Sie heraus, welche Informationskanäle von Ihrer Kernzielgruppe genutzt werden. Fragen Sie Ihre Kunden, über welche Kanäle sie zu Ihnen gekommen sind, falls Sie es nicht schon wissen. Scheuen Sie sich auch nicht danach zu fragen, welche Social-Media-Instrumente für Ihre Kunden sonst noch interessant sind. Treffen Sie sich vielleicht auf Fachgruppen bei XING oder LinkedIn oder anderen Branchen-Plattformen? Lesen sie regelmäßig Blogs oder Newsletter? Diese ermittelten Customer-Touchpoints gilt es dann gezielt mit dem entsprechenden Content zu versorgen.

Mit SEO-Optimierung Interessenten besser verstehen

Ihr surfender Entscheider ist ständig auf der Suche nach relevanten und interessanten Informationen. Es ist deshalb unerlässlich, sein Surfverhalten auf Ihrer Homepage (Stichwort: SEO-Optimierung) zu analysieren. Welche Seiten werden besonders häufig, möglicherweise sogar wiederholt besucht. An welchen Stellen steigen Besucher häufig aus? Welche Seiten werden überhaupt nicht von Besuchern angeklickt? Anhand dieser SEO-Analyse sollten Sie Ihr Angebot unbedingt optimieren, möglicherweise sogar ergänzen. Bedenken Sie in diesem Zusammenhang dass es nicht reicht eine Homepage zu haben, sie muss für Besucher anziehend sein (Pull-Marketing). Er soll immer wieder zu Ihnen kommen.

Stellen Sie ein vernetztes Adressen-Management sicher

Eine weitere unabdingbare Mindest-Voraussetzung für die Leadgenerierung und -bearbeitung ist die Schaffung einer gemeinsamen, kompatiblen Software-Plattform zum Beispiel ein CRM-System welches von Marketing und Vertrieb genutzt wird. In vielen Firmen existieren in diesen Abteilungen immer noch nicht kompatible Systeme. Ein Unding bei den Datenmengen, die der bevorstehende Leadprozess generieren wird.

Integriertes Leadprozess-Management ist ein „Must have"

Für die abteilungsübergreifende Zusammenarbeit von Marketing und Vertrieb ist ein professionelles Leadprozess-Management unerlässlich. Hierzu ist es erforderlich, dass beide Abteilungen einen Konsens in der Frage finden müssen, welche Anforderungen eine Adresse erfüllen muss, um als Lead in den Lead-Bearbeitungsprozess im Vertrieb zu gelangen. Außerdem muss der Prozess, den ein Lead durchlaufen wird, bis er die erforderliche Kaufreife hat, gemeinsam definiert werden.

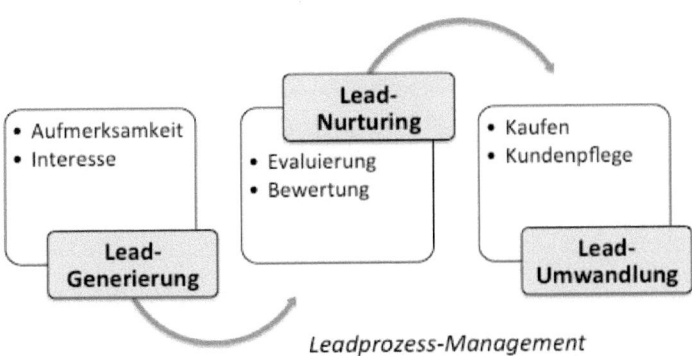

Leadprozess-Management

Angesichts der sich aus diesem Prozess ergebenden Datenmenge (Stichwort: Big Data) lässt sich diese Aufgabe nur mit einem Marketing-Automations-System bewältigen, welches sich nahtlos in ein bestehendes CRM-System integrieren lässt. Diese Digitalisierung ermöglicht es Ihnen, sämtliche Vertriebsprozesse zu systematisieren und zu vereinfachen. Viele Lead-Management-Programme identifizieren B2B-Webseitenbesucher, liefern Ihnen Strukturdaten wie Branche und Firmengröße. Mit Zusatz-Keywords erhalten Sie sogar Informationen zum Bedarf des jeweiligen Homepage-Besuchers. Achten Sie jedoch darauf, dass Ihre Aktivitäten rechtskonform umgesetzt werden.

Lead-Definition – nicht jeder Interessent ist ein Lead

Als erfolgreiche Methode hat sich das „Buyer-Persona-Konzept" herauskristallisiert. Mit ihm lässt sich der ideale Wunschkunde definieren. Basis hierfür bildet Ihr momentaner Idealkunde, von dessen Typ Sie gerne mehr hätten. Aus seinen Profileigenschaften wie: Position, Branche, Firmengröße, Land, Such-/Surfverhalten während Beschaffungsprozess usw. entwickeln Sie dann das Leadprofil.

Für Ihre Messebeteiligung bietet sich darüber hinaus noch die **BANT-Methode** zur Besucherqualifizierung an. BANT steht für:

Budget

Authority

Need

Timeline of Purchase.

Mit anderen Worten: Der Besucher muss ein **Budget** haben, er muss eine **Entscheidungsbefugnis** haben, es muss ein **konkreter Bedarf** für eine Investition bestehen und es sollte einen **Investi-**

tionszeitpunkt für das geplante Projekt geben. Falls in den Beschaffungsprozess mehrere Entscheider (Buying-Center) involviert sein werden, ist es für die Leadbearbeitung auch wichtig, Name, Position und Kontaktdaten dieser Person zu hinterfragen. Im Gegensatz zum Buyer-Persona-Konzept bietet Ihnen das Messegespräch die Möglichkeit sich diese Informationen zu beschaffen was die Einschätzung dieses potenziellen Kunden wesentlich vereinfacht. Es ist daher dringend zu empfehlen, diese Kriterien mit dem Leadbogen (egal ob Papier oder digital) zu erfassen.

Lead-Nurturing

Ihr einmal entdeckter Lead muss mit adäquaten Informationen versorgt werden

Mit den beschriebenen Scoring-Methoden haben Sie das Profil eines potenziellen Leads festgelegt. Anhand der Eckdaten können Sie den Interessenten zumindest grob einschätzen. Im nächsten Schritt müssen Sie herausfinden in welchem Stadium seines Beschaffungsprozesses er sich wahrscheinlich befindet wenn er sich auf Ihrer Homepage informiert. Hierzu analysieren Sie sein Surfverhalten:

→ Wie häufig besucht er Ihre Homepage?

→ Welche Datenblätter, Spezifikationen, Webcasts oder Whitepaper hat er sich runtergeladen oder angefordert?

→ Welche Links hat er im Newsletter oder auf den Seiten angeklickt?

→ Hat er an Webinaren teilgenommen oder um Rückruf gebeten?

Aus dieser Analyse können Sie ableiten, welche weiteren Informationen er benötigt, um den Entscheidungs- bzw. Kaufprozess voranzutreiben und ihn schließlich in einen kaufenden Kunden umzuwandeln. Diese Phase nennt man „Lead-Nurturing", was nichts anderes als Lead-Fütterung bedeutet. Sie füttern ihn solange entsprechend seinem Prozessstatus, bis er reif für den Kauf ist.

Mit Inbound-Marketing qualifizierte Leads generieren
Customer-Touchpoint- und SEO-Analyse bilden die Basis für ein zielgruppenaffines Inbound-Marketing-Konzept. Aber was bedeutet Inbound-Marketing überhaupt? Im Gegensatz zum klassischen Outbound-Marketing (Anzeigen, TV-Spot, E-Mails oder Messebeteiligungen), das darauf abzielt, dass Sie Kunden finden, konzentriert sich das Inbound-Marketing darauf, dass ein Interessent SIE findet. Inbound-Marketing ist also die Antwort auf den veränderten Beschaffungsprozess. Aus diesem Grund ist es ja so wichtig, dass Sie Ihre Kundenkontaktpunkte (Customer-Touchpoints) kennen. Es gilt die ermittelten Touchpoints sowie Ihre Homepage mit hochrelevantem Content zu versorgen. So stellen Sie sicher, dass bereits interessierte Entscheider immer wieder zu Ihnen zurückkehren und neue Kontakte auf Ihre Touchpoints gezogen werden.

Welche Instrumente Sie hierfür auswählen ist situationsabhängig. Erfahrungsgemäß sind tagesaktuelle Nachrichten, fundierte Fachinformationen, Spezifikationen, Engineering- oder Konfigurierungsangebote, Webcasts, Videos Newsletter, Fachgruppen auf Netzwerken wie XING oder LinkedIn oder Berufsverbänden wirkungsvolle Instrumente. Ein Corporate-Blog ist ebenfalls ein ideales Instrument Vertrauen bei potenziellen Kunden aufzubauen und mit ihnen zu interagieren.

Selbstverständlich können Sie Ihr Inbound-Marketing mit Outbound-Instrumenten des klassischen Marketings sowie Pressearbeit kombinieren. Auf diese Weise lassen sich Ihre wichtigsten Themen breiter streuen. Sie müssen diese komplexe Aufgabe nicht unbedingt intern übernehmen. Es gibt heute ein breites Angebot an Inbound-Marketing-Spezialisten die Sie von der Konzepterstellung über die Tool-Auswahl bis zur Durchführung begleiten und Ihnen die identifizierten Leads zur weiteren Bearbeitung übergeben.

Wichtig für alle Inbound-Aktivitäten ist Kontinuität. Das heißt, es reicht zum Beispiel nicht einen Firmen-Blog einzurichten. Erst eine konsequente operative Nutzung durch Ihren internen Blogger sorgt mittelfristig für eine gute Position in den Suchmaschinen. Was Ihnen wiederum den gewünschten Lead-Nachschub sichert.

Beschleunigen Sie Ihre Reaktionszeit

Die neue Entscheidergeneration ist auch in punkto Response anspruchsvoller geworden. Bereits 2011 schilderte James B. Oldroyd im Havard Business Review das Ergebnis seiner Studie „The Short Life of Online Sales" mit der er untersucht hat welche Auswirkungen die Responsezeit auf Online-Anfragen für den weiteren Verlauf der Leadentwicklung hat. Untersucht wurden 29 B2C- und 13 B2B-Unternehmen mit insgesamt 1,25 Mio. Leads. Wurde auf eine Online-Anfrage unverzüglich (weniger als eine Stunde) reagiert, stieg die Chance auf ein qualitatives Gespräch mit diesem Entscheider um das siebenfache gegenüber einer Reaktionszeit von einer Stunde und mehr! Bei einer Reaktionszeit von 24 Stunden hatte der unverzügliche Response sogar eine 60 Mal bessere Wirkung.

Mittlerweile gibt es ausgefeilte Systeme, mit denen Sie Ihren digitalen Dialog in mehreren Sprachen weltweit automatisieren können. Auch die Anbindung an bestehende CRM-Systeme oder eine spätere Erweiterung ist in den meisten Fällen möglich.

Das Instrument Messe besser verstehen

Die Schilderung des Status quo der B2B-Aussteller zu Beginn sollte Sie auch anregen, über Ihren bisherigen Umgang mit dem Instrument nachzudenken. Möglicherweise finden Sie hier weitere Chancen für eine Prozessoptimierung die Ihnen zusätzliche Leads sowie eine Fakten basierte Erfolgskontrolle sichern.

Der unschlagbare Vorteil der Messe gegenüber anderen Marketinginstrumenten ist ihre Multifunktionalität: Mit welchem anderen Instrument können Sie zeitgleich live mit allen Marktpartnern kommunizieren, Umsätze generieren, neue Absatzgebiete erschließen, Neukunden gewinnen, die wichtige Kaufbestätigung für Ihre Kunden erlebbar werden lassen und gezielt Informationen streuen und sammeln? Das schaffen Sie nur mit der Messe. Vorausgesetzt, Sie verstehen wie Sie das Instrument in die Hand nehmen sollten, um alle Vorteile nutzen zu können.

Messe ist Teil des übergeordneten Marketingkonzeptes
Das beginnt bereits bei der Frage, welche Funktion Sie der Messe zuordnen. Wenn Sie die Messe als singulär stattfindendes Ereignis betrachten, werden Sie das Potenzial Ihrer Beteiligung nicht

ausschöpfen können. Nur, wenn Sie die Messe in Ihr bestehendes Marketingkonzept integrieren, werden Sie Synergien schaffen.

Messe ist ein Teamprojekt von Marketing und Vertrieb
Schaffen Sie ein Teamprojekt aus beiden Abteilungen welches die Beteiligung gemeinsam plant und realisiert. Auf diese Weise fließen alle Erfahrungen in das Messekonzept ein. Damit meine ich nicht die Sorgen der üblichen Bedenkenträger: „Das haben wir ja noch nie so gemacht." sondern konstruktive Ideen, die den Ablauf der Aktion eventuell sogar vereinfachen oder effektiver gestalten könnten. In regelmäßigen Jour fixen halten Sie das Team dann auf dem Laufenden. Bei dieser Gelegenheit können auch Feinjustierungen vorgenommen werden, falls etwas nicht so läuft wie geplant. Alternativ wäre auch eine Projektabwicklung bzw. die Kommunikation im Intranet möglich. Wichtig ist, dass alle Beteiligten den gleichen Informationsstand haben. Natürlich sind die sich im Laufe der Aktion einstellenden Erfolge eine zusätzliche Motivation für das Team bis zur Messe durchzuhalten.

Die relativ komplexe Projektbearbeitung im Team – nicht nur anlässlich Ihrer Messebeteiligung - lässt sich durch modernste Technik noch wesentlich vereinfachen und transparenter gestalten. Das Stichwort ist „Social-Business-Collaboration" (SBC). Bei diesen Tools steht die digital gestützte menschliche Interaktion im Vordergrund. Häufig lassen sich diese SBC-Tools mit der gängigen Business-Software „Office" verknüpfen, so dass alle Projekte weltweit aus SBC heraus bearbeitet werden können. Ein großer Vorteil, wenn sich Ihre Aktivitäten nicht nur auf Deutschland beschränken. So lassen sich Ihre weltweiten Teams einfach in sämtliche Projekte einbinden.

Effiziente Vertriebsplanung durch Messe-Integration

Die Messe ist eines von vielen Instrumenten zur Realisierung Ihrer absatzpolitischen Ziele. Daher sollte sie, anders als häufig praktiziert, nicht nur ein „Platzhalter für Urlaubssperren" im Vertrieb sondern fester Bestandteil der Jahresplanung eines jeden Vertriebsmitarbeiters sein. Gewöhnlich arbeitet jeder Verkäufer mit Umsatzvorgaben für das anstehende Jahr. So ist es nur logisch, dass er, wenn er rechtzeitig in die Messezielsetzung eingebunden wird, sich schon frühzeitig überlegen kann, wie die geplante Messebeteiligung einen wertvollen Beitrag für seine persönliche Zielerreichung leisten kann.

B2B-Messe ist ein Prozess

Einer der größten Fehler im Marketing der letzten Jahrzehnte ist die Reduzierung der Messe auf ein mehrtägiges Event. Mit dieser Einschätzung wird das Potenzial des Instrumentes von Anfang an auf ein Minimum reduziert. Jede B2B-Messe ist ein Prozess, egal wie lange die Veranstaltung dauert. Grundsätzlich ist die Dauer des Prozesses eine firmenspezifische Angelegenheit.

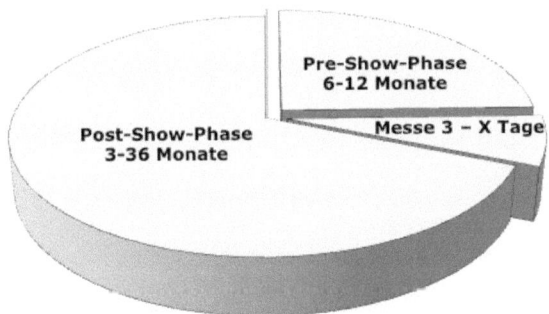

Die Länge der Pre-Show-Phase (vor der Messe) hängt hauptsächlich von Bedeutung sowie Größe Ihres Auftritts ab. In großen Unternehmen beginnt der Prozess spätestens 9-12 Monate vor der Messe. Bei einem mittelständischen Unternehmen reichen in der Regel 3-6 Monate vorher.

Die Länge der Post-Show-Phase (nach der Messe) hängt im Wesentlichen davon ab, wie lange Ihr Unternehmen im Tagesgeschäft benötigt, um einen Interessenten in einen Neukunden umzuwandeln. Manche Unternehmen können den Prozess bereits nach 3 oder 6 Monaten abschließen. Die Mehrzahl der B2B-Aussteller benötigt hierfür 12-18 Monate – einige sogar 24-36 Monate. Legen Sie gemeinsam mit dem Vertrieb den bevorstehenden Messeprozess verbindlich fest.

Veränderter Blickwinkel schafft Mehrwert
Erfahrungsgemäß basieren viele Beteiligungskonzepte auf zwei oder drei meist allgemein formulierten Zielen, die nur von einer Abteilung (häufig Marketing) festgelegt werden. Auf diese Weise verschenken Aussteller bereits einen großen Teil der Chancen, die sich mit der Beteiligung bieten. Ich empfehle Ihnen im ersten Schritt die geplante Beteiligung als Projekt des gesamten Unternehmens zu betrachten – zum Beispiel:

➜ Marketing
➜ Vertrieb
➜ Forschung & Entwicklung
➜ Produkt-Management
➜ Public Relations
➜ Marktforschung
➜ Human Resources

Jeder Unternehmensbereich sollte für sich klären, ob er eine Chance hat, über die geplante Beteiligung Ziele zu erreichen. Damit stellen Sie sicher, das mit Ihrer Beteiligung verbundene Potenzial auch wirklich auszuschöpfen.

7-Phasen-Messe-Management

Auch die strategische Dimension des Instrumentes sollte Ihnen bewusst sein. In der Praxis wird die Verantwortung für die Messebeteiligung in operative Abteilungen delegiert. Die Folge: die operative Planung startet, bevor grundsätzliche strategische Entscheidungen getroffen und nachprüfbare Ziele definiert sind. Somit wird das Instrument zu einer operativen Aufgabe degradiert. Auf diese Weise fehlen Ihnen die strategischen Grundlagen für die Beteiligung und Sie laufen Gefahr, einen großen Teil des Potenzials nicht zu erkennen. Gleichzeitig fehlt die Basis für die kontinuierliche Prozessoptimierung.

Sie sollten Ihre Beteiligung daher als kontinuierlichen Management-Prozess mit strategischen und operativen Aufgaben verstehen. Sobald Sie die Messe als Prozess im Unternehmen etabliert haben wird es sehr einfach sein die Effektivität der einzelnen Schritte zu überprüfen und das Beteiligungskonzept im Detail zu optimieren.

Die nachfolgende Abbildung beschreibt die strategischen und operativen Aufgaben der 7 Phasen des Messe-Managements.

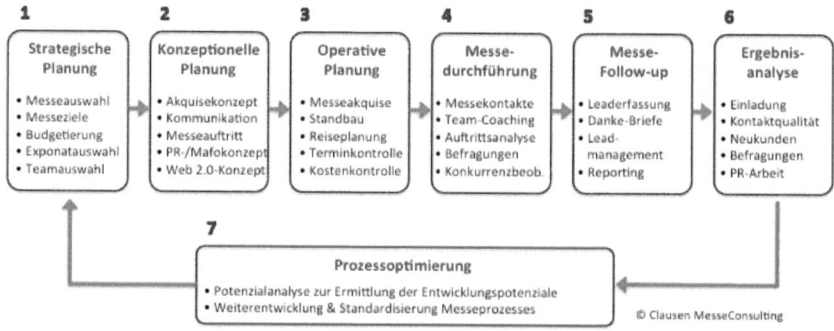

Ihr Ziel ist der Weg!

Egal wie viel Geld Sie für eine Beteiligung investieren, als Aussteller sollte es immer Ihr Bestreben sein, einen messbaren Beitrag für die Zielerreichung Ihres Unternehmens zu erzielen. Wie in anderen Bereichen des Marketings müssen Sie auch für Ihre Messebeteiligung die Basis für eine spätere Fakten basierte Analyse schaffen. Das bedeutet: Sie brauchen messbare, nachprüfbare Ziele. Wie wollen Sie sonst Ihr Messebudget gewichten, wenn Sie nicht zwei Messen anhand von messbaren Ergebnissen miteinander vergleichen können? Oder sich für eine bestimmte Messe entscheiden, wenn Sie sich ausschließlich auf das Bauchgefühl des Vertriebs verlassen müssen? Auch für die Optimierung Ihres internen Messeprozesses benötigen Sie eine Fakten basierte Grundlage.

Es ist ein weit verbreiteter Irrtum, dass es sich bei den Messezielen um zusätzliche Ziele handelt. Ihre Messeziele sind Teil Ihrer übergeordneten Unternehmensziele. Den Kausalzusammenhang zwischen Ihren Unternehmens- und den Messezielen verdeutlicht die nachstehende Abbildung.

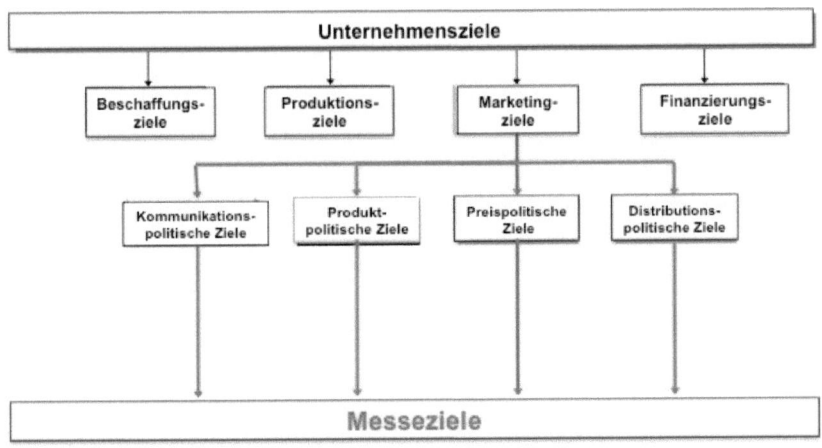

Aus Erfahrung weiß ich, wie schwierig sich die Ziel-Definition gestalten kann. Fehlt es doch vielen Unternehmen schon an klar formulierten Unternehmenszielen. Wie oft haben mir Geschäftsführer bei der Frage nach Ihren Jahreszielen lapidar geantwortet: „Umsatz! Ich will Umsatz machen!" Auf meine Nachfrage mit welchem Produkt für welchen Markt folgte zumeist betretenes Schweigen oder die spontane Antwort: „Wieso? Hauptsache Umsatz!" Die Folge solcher schwammigen Vorgaben sind dann Bauchladen-Präsentationen und Berge von Messeberichten, die zu 90% im Papierkorb landen.

Messbare Ziele sind die Basis für Ihr Konzept
Klar definierte Ziele helfen allen Verantwortlichen bei der Planung und Durchführung Ihrer erfolgreichen Beteiligung. Sie wissen sofort, welche Zielgruppen und Entscheider angesprochen werden müssen. Sie sind die Basis für einen fokussierten Messeauftritt. Die unsägliche Diskussion über die Exponatauswahl wird ebenso überflüssig wie die Suche nach einem x-beliebigen Messeevent. Beide Fragen werden durch die klare Zielvorgabe automatisch beantwortet. Auch auf Ihre Standgestaltung haben sie einen entscheidenden Einfluss.

Es versteht sich von selbst, dass Ihre Ziele nachprüfbar sein müssen. Es reicht also nicht aus zu sagen: „Wir wollen Neukunden gewinnen." Wie wollen Sie später zielorientiert Leads generieren oder dieses schwammige Ziel messbar machen?

Sie benötigen klare quantitative und qualitative Vorgaben wie die nachfolgenden Beispiel-Ziele verdeutlichen:

Beispiel-Ziel Neukunden gewinnen
Neukunden welcher Kundenkategorie?
       für welches Produkt
       für welche Lösung?   `Qualität`
       für welche Anwendung?
       für welchen Markt / welche Region?

       wie viele Neukunden?   `Quantität`
       welcher Umsatz?

                                            `Zeitachse`
       bis wann?

Kundenpflegeziele
Überlegen Sie auch in wie weit es möglich ist, das Ziel „Kundenpflege" mit Leben für Ihr Vertriebsteam zu füllen. Wenn Sie das Ziel lapidar so stehen lassen, passiert das was immer passiert: Man trifft sich mit den

"good old fellows" trinkt Kaffee und spricht über Gott und die Welt. Nur das Unternehmen hat keinerlei Nutzen von der investierten Zeit.

Vielleicht besteht die Möglichkeit mit Ihren Kunden ein Thema zu besprechen, welches Ihnen unter den Nägeln brennt wie zum Beispiel eine geplante Produktmodifikation oder eine Neuheit die Ihre Kunden unbedingt sehen sollen (vielleicht lässt sich dieses Ziel auch mit einem Cross-Selling-Ziel verbinden?). In diesem Fall ließe sich das Ziel wie folgt präzisieren:

Beispiel-Ziel Kundenpflege

Kunden welche Kategorie?
>welches Segment?
>welche Region?
>wie viele Kunden insgesamt oder pro Mitarbeiter?
>Umsatzerwartung bis wann?

Beispiel Kundendienstziele

Natürlich lassen sich noch weitere Ziele für Ihre Beteiligung festlegen. Beispiel Kundendienst:

○ Generierung von X Serviceverträgen für Produkt Y

○ Generierung von X Teilnehmern für das Training X

Beispiel Marketingziele

Selbst für das Marketing lassen sich nachprüfbare Ziele definieren – zum Beispiel:

- X % neuer Leads melden sich für den Newsletter an

Kommunikationsziele

Obwohl für die Kommunikation der Beteiligung in der Regel sehr viele Instrumente genutzt werden, verzichten viele Aussteller auf eine Wirksamkeitsüberprüfung. Dabei lassen sich für eine Reihe von Aktionen ganz einfach klare Ziele vereinbaren – zum Beispiel:

- X % der Standbesucher sollen den Vortrag Y sehen
- X % der Standbesucher sollen die Präsentation Z sehen
- X % der Kunden sollen zur Standparty kommen

Wie nachhaltig bestimmte Aktionen bei Besuchern gewirkt haben, können Sie mit einer zeitnahen Nach-Messe-Befragung in Erfahrung bringen.

Und auch das gerne genannte Ziel „Imagegewinn" lässt sich präzisieren. Sie können es mit der Medienpräsenz verknüpfen, die Sie rund um Ihre Messebeteiligung erwarten.

Beispiel-Ziel Imagegewinn

- X Vor-Messe-Berichte in den Medien A / B / C
- X Journalistengespräche auf der Messe der Medien A / B / C
- X Nach-Messe-Berichte in den Medien A / B / C

Den Gegenwert Ihrer Pressearbeit können Sie später leicht ermitteln. Prüfen Sie, was Sie eine Anzeige im redaktionellen Umfeld des jeweiligen Mediums gekostet hätte.

Human-Resources-Ziele

Wenn Sie neue Mitarbeiter rekrutieren wollen, kann die anstehende Messe eine geeignete Plattform hierfür bilden. Eine präzise Zieldefinition erleichtert Ihnen zum einen die Planung und Vorbereitung des HR-Bereiches auf dem Messestand. Darüber hinaus erleichtert sie Ihre spätere Erfolgsanalyse und beantwortet die Frage, welche Messe für HR-Ziele besser geeignet ist auf einfache Weise.

Marktforschungsziele

Nicht zuletzt bietet Ihnen die Messebeteiligung ideale Bedingungen zur Informationsbeschaffung. Auch in diesem Fall sollten Sie klar formulieren, was Sie in Erfahrung bringen wollen. Erst danach wählen Sie das geeignete Instrument aus:

- Wettbewerbsanalyse
- Besucherbefragung während / nach der Messe
- Akzeptanzbefragung für ein neues Produkt / eine neue Applikation / eine neue Lösung
- Mitarbeiter-Feedback
- Messeauftrittsanalyse
- Mystery-Shopper
- Feedback von Mitausstellern auf Ihrem Stand

Egal, welches Instrument Sie einsetzen, stellen Sie sicher, ausschließlich mit standardisierten Formularen / Fragebögen zu arbeiten. Nur so können Sie später das Ergebnis analysieren.

Leadbogen – Ihr wichtigstes Messeinstrument

Mit Ihrem zuvor gemeinsam verabschiedeten Lead-Profil, der definierten Zielgruppe und den quantifizierten Messezielen haben Sie die Basis für die Entwicklung Ihres Leadbogens geschaffen. Er sollte kompakt aber gleichzeitig detailliert genug sein, um alle vertriebsrelevanten Informationen zu beschaffen. Das bedeutet im Umkehrschluss: Das Formular ist ständig der aktuellen Zielsetzung anzupassen. Ich habe es immer wieder erlebt, dass der Leadbogen über Jahre unverändert eingesetzt wurde, obwohl sich die Rahmenbedingungen komplett verändert hatten. Neue Anwenderzielgruppen, neue Branchen, neue Produktgruppen all das hat sich nicht in dem Formular wiedergefunden.

Der inhaltliche Aufbau des Leadbogens sollte standardisiert erfolgen. Das bedeutet, Ihr Team erhält basierend auf den Zielen viele Antworten zum Ankreuzen und nur wenig Raum für individuelle Notizen. Nur so sind Sie nach der Messe in der Lage die erfassten Kontakte zu kategorisieren und entsprechend ihrer Priorität weiter zu bearbeiten. Möglicherweise ist es für Sie auch wichtig herauszufinden, welche Lösungen/Produkte der Besucher bisher einsetzt und welche Erfahrungen er damit gemacht hat. Dann stellen Sie ihm diese Frage. Mit der Rubrik „Lösungsidee Kunde" und „Unsere Alternative" erfahren Sie, welche Erwartungen der Markt an Sie hat und ob Ihr Lösungsansatz diese Erwartungen bereits übertrifft. Für Folgeaktivitäten wie Nachmessetermine, Telefonkontakte usw. sollten Sie unbedingt eine Rubrik „Vereinbarung" schaffen. Übrigens, denken Sie auch daran, dass Sie im Messegespräch herausfinden sollten wie der fremde Besucher auf Sie aufmerksam wurde. Erfassen Sie diese Information. Das hilft Ihnen nach Messe bei der Analyse Ihrer Customer -Touchpoints.

Um die Akzeptanz im Team für dieses Formular zu steigern empfehle ich Ihnen: Arbeiten Sie es gemeinsam mit Ihrem Team aus. Ideal ist es, wenn Sie es mit der gemeinsamen Zieldefinition verbinden. Dann wird der Zusammenhang schnell klar.

Umgang mit dem Leadbogen auf der Messe

Neben der Informationsbeschaffung dient der Leadbogen auch als „unsichtbarer" Gesprächsleitfaden für das Messeteam. Natürlich gibt es immer wieder Besucher die einige Ihrer Fragen nicht beantworten wollen. Ehrlich gesagt, dann kann das Interesse an der gemeinsamen Entwicklung einer optimalen Lösung nicht sehr groß sein. Ihr Team sollte sich davon nicht irritieren lassen. Andererseits ist das Messegespräch kein „Verhör". Das bedeutet, dass Ihr Team sehr flexibel beim Ausfüllen sein sollte und nicht stur die Punkte abarbeitet damit der Bogen ausgefüllt ist. Dass die Verkäufer das Formular (sei es Print oder digital) erst dann ausfüllen, nachdem sie den Besucher identifiziert haben, versteht sich von selbst. Sie wollen doch keine Berge unnützer Leadbogen produzieren. Außerdem sollte das Team sehr schnell in Erfahrung bringen, in welcher Phase des Beschaffungsprozesses sie den Besucher abholen.

Die Erfassung der Informationen geschieht dann grundsätzlich während des Gespräches. Was soll ein Besucher denken, der 15 oder 20 Minuten seiner kostbaren Messezeit in das Gespräch und somit in Ihr Unternehmen investiert, der Verkäufer sich aber keine Notizen macht? Das zeugt nicht von einem sehr großen Interesse. Darüber hinaus ist es vor allem in Stoßzeiten auf der Messe gar nicht möglich 5,10 oder mehr Gespräche ordentlich zu erfassen, wenn dies erst hinterher geschieht. Ihr Kollege sollte sich lieber so seitlich neben den Besucher stellen, dass dieser mit auf das Formular oder den Tablet sehen kann. Hat Ihr Verkäufer dann noch Zeit, könnte er das Gespräch am Ende noch einmal kurz zusammenfassen.

Um mit einem interessanten Besucher zeitnah im Gespräch zu bleiben sollte Ihr Kollege immer versuchen sofort eine konkrete Nachmessevereinbarung zu treffen! Sei es ein fester Besuchs- oder Telefontermin oder ein vage vereinbarter Termin für eine erneute Kontaktaufnahme in Kalenderwoche X – wichtig ist hier wieder das Commitment. Diese Vereinbarung werden Sie dem Besucher dann später in Danke-Brief oder – E-Mail bestätigen.

Crossmediale Leadgenerierung

Wie Sie dramatisch Messeleads generieren und sie in Kunden umwandeln

Die digitale Transformation bietet Ihnen die einmalige Chance, die Vorteile digitaler und analoger Instrumente in einer crossmedialen Leadgenerierungskampagne zu verbinden. Sowohl die pro-aktive Ansprache Ihnen bereits bekannter potenzieller Kunden als auch die durch Inbound-Marketing generierten Interessenten stehen Ihnen ab sofort als Adressen-Pool für Ihre Messeakquisition zur Verfügung. Das ist eine noch nie da gewesene Ausgangssituation. Bisher mussten Sie initiativ auf potenzielle Kunden zugehen, um einen Messetermin zu bekommen. Der veränderte Beschaffungsprozess bietet Ihnen jetzt den unschätzbaren Vorteil, dass diese Entscheider Ihr Unternehmen durch die intensive Online-Recherche als möglichen Partner herausgefiltert haben und offen für ein Messegespräch sind. Dies bedeutet eine völlige Umkehrung der bisherigen Situation. Voraussetzung ist, wie zuvor beschrieben, dass Sie Ihren internen Prozess sukzessiv den veränderten Rahmenbedingungen angepasst haben, um diese Personen identifizieren zu können.

Vorteile der Multi-Channel-Strategie

Die Vorteile der crossmedialen Strategie für Ihre bevorstehende Messebeteiligung sind vielfältig:

→ Mit der konsequenten Umsetzung dieser Strategie durch zeitnahe und individuelle Interaktionen schaffen Sie für potenzielle Kunden bereits lange vor deren Kaufentscheidung ein positives Serviceerlebnis. Für Ihre Bestandskunden bedeutet die absolute Serviceorientierung eine wertvolle Kaufbestätigung.

→ Die personalisierte Ansprache Ihrer Zielgruppe ermöglicht es Ihnen schon vor der Messe die Spreu vom Weizen zu trennen und damit die Kontaktqualität erheblich zu steigern. Darüber hinaus werden Sie durch den Multi-Channel-Einsatz wesentlich mehr potenzielle Kunden ansprechen als mit Ihrem herkömmlichen Konzept.

→ Abhängig davon, welche Instrumente Sie einsetzen, verfügt Ihr Vertriebsteam bereits vor der Messe über Informationen in Bezug auf Präferenzen und Wünsche des zu erwartenden Messebesuches. Was angesichts der extrem gut vorinformierten Messebesucher einen unschätzbaren Vorteil bedeutet. Überlegen Sie also welche Möglichkeiten Sie haben an Informationen zu kommen, die den Besuchsgrund des potenziellen Kunden beschreiben. Es wird sich lohnen.

➔Mit einer intelligenten Vernetzung der eingesetzten Instrumente schaffen Sie zudem Synergien, die Ihren Mitteleinsatz optimieren.

Viele der nachfolgend beschriebenen Instrumente ermöglichen eine zeitnahe und exakte Erfolgskontrolle. Clickraten und Interaktionsprotokolle beantworten zum Beispiel die Frage welche Tools am effektivsten eingesetzt werden konnten oder über welche Online-Informationsquelle ein potenzieller Kunde zu Ihnen gekommen ist. Die konsequente Analyse dieser Daten ermöglicht es Ihnen Ihr Multi-Channel-Konzept kontinuierlich zu optimieren, um beim nächsten Mal noch mehr Leads zu generieren.

Landingpage – Ihr wichtigster Customer-Touchpoint für die Leadgenerierung

Kennen Sie auch Firmen-Homepages auf denen man lange suchen muss, bis man überhaupt herausfindet ob und wo das Unternehmen sich an Messen beteiligt? Anstatt diese für potenzielle Kunden wichtige Information an prominenter Stelle zu publizieren wird sie auf Unterseiten versteckt, auf denen sie niemand vermutet. Mal findet man den Hinweis unter „Service", mal auf der Presseseite oder er fehlt völlig. Wie soll ein Entscheider in seiner Informationsphase vor der Messe unter diesen Umständen überhaupt herausfinden, ob er das Unternehmen als Aussteller auf einer bestimmten Messe antreffen wird?

Hat ein Besucher diese Information dann endlich gefunden, erschöpft sie sich nicht selten in der lapidaren Aussage: „Wir stellen auf der Messe YX aus". Anstatt dem Besucher an dieser Stelle im Idealfall auf der Landingpage (Messe-Aktionsseite) sofort weiterführende messerelevante Informationen und einen Dialog mit der Möglichkeit einer Terminvereinbarung anzubieten, leitet das interaktive Messelogo den Interessenten schnurstracks zur Homepage des Veranstalters. Auf diese Weise verlieren Aussteller tagtäglich wertvolle Leads noch bevor die Messe begonnen hat. Das betrifft natürlich auch Journalisten, die ihren Messebesuch ebenfalls akribisch planen. Auch für sie sollte Ihre Landingpage zur zentralen Anlaufstelle werden.

Aus Erfahrung weiß ich, dass viele Aussteller den Aufwand für die Umsetzung einer effektiven Messe-Aktionsseite auf Ihrer Firmen-Homepage scheuen. Dabei ist sie eines der wichtigsten Lead-Generierungsinstrumente für Ihre Messebeteiligung. Hier findet der Interessent die wichtigsten Informationen wie:

→ Schwerpunktthema oder Messemotto

→ Informationen zur Messeneuheit

→ 3-D-Modell des Standes oder Skizze des Messebauers

→ Informationen über Beteiligungen an Sonderschauen oder am Rahmenprogramm (z.B. Vortrag)

→ Halle-Nummer, Stand-Nummer usw.

Wenn Sie bereits User-Gruppen für Ihre Homepage haben um so besser. Damit schließen Sie aus, dass Ihre Wettbewerber schon vor der Messe zum Beispiel an Informationen zu Ihrer Messe-Neuheit gelangen Konzipieren Sie die Landingpage nicht nur als Informations- sondern auch als Dialoginstrument. Bieten Sie dem Besucher

Interaktionsmöglichkeiten. Hier kann er einen Messetermin mit Ihnen vereinbaren, seinen Besuchsgrund nennen oder zusätzliche Fragen stellen. Je mehr Sie über diesen Entscheider wissen umso besser kann sich der zuständige Verkäufer auf das Messegespräch vorbereiten. Eine Strategie die sowohl dem eng getakteten Zeitplan des Besuchers als auch Ihrem Zeitmanagement entgegen kommt. Durch diesen Dialog bauen Sie schon vor der Messe Vertrauen auf. Die für Sie bis dato kalte Adresse wird aufgewärmt und das Messegespräch findet für beide Seiten unter wesentlich angenehmeren Voraussetzungen statt. Mehrere meiner Kunden haben an dieser Stelle sogar den Messe-Personaleinsatzplan veröffentlicht, so dass Besucher direkt mit dem betreffenden Mitarbeiter einen Messetermin vereinbaren konnten. So weit müssen Sie nicht unbedingt gehen.

Es liegt in der Natur der Sache, dass der gewünschte Termin vielleicht schon verplant ist. Das macht nichts. Nehmen Sie einfach Kontakt mit dem Homepage-Besucher auf und finden Sie eine Alternative. Hat er seine Telefonnummer hinterlassen, können Sie ihn gleich anrufen und auf diese Weise noch mehr zu seinem Besuchsanliegen in Erfahrung bringen.

Mit einer konsequenten Verlinkung Ihrer Messe-Aktionsseite mit den Instrumenten, die Sie vom Messeveranstalter nutzen, machen Sie Ihre Landingpage darüber hinaus zur Anlaufstelle für interessierte Messebesucher, die sich zunächst auf der Veranstalter-Homepage informieren wie zum Beispiel:

→ Eintrag im virtuellen Messekatalog
→ Messe-News-Ticker der Messegesellschaft
→ Match-Making-Programm
→ Teilnahme an einer Sonderschau der Messe
→ Teilnahme am Messe-Rahmenprogramm (z.B. Vortrag)

Es muss Ihr Ziel sein, dass Interessenten grundsätzlich direkt auf Ihrer Messe-Aktionsseite landen!

Mehrstufiges Einladungskonzept garantiert den Erfolg

Die Aufgabe dieses Konzeptes besteht darin, auf Ihre Teilnahme aufmerksam zu machen, die Neugier bei potenziellen Kunden zu wecken, Spannung aufzubauen und damit einen Besuchswunsch auszulösen. Ihrem Vertrieb dient die Einladungskampagne als Voraussetzung für seine verbindlichen Messetermin-Vereinbarungen. Legen Sie die Kampagne mehrstufig und grundsätzlich personalisiert an, und zwar für beide Empfängerzielgruppen (identifizierte Interessenten Ihrer Customer-Touchpoints und Firmen aus Ihrem CRM-System). Bieten Sie den Empfängern von Anbeginn einen Dialog an. Kommunikation ist keine Einbahnstraße.

Zielgruppendefinition

Am Anfang steht die Frage wen Sie auf den Messestand bekommen müssen um die gesteckten Ziele zu erreichen. Wenn Sie bereits Besucherkategorien mit den Zielen verbunden haben ist ein Teil dieser Frage bereits beantwortet. Das in Ihrem Unternehmen verwendete Leadprofil engt dann den in Frage kommenden Personenkreis weiter ein.

Im nächsten Schritt gilt es zu prüfen welche Adressen aus Ihrem CRM-System für eine Messeinladung in Frage kommen und welche Qualität diese Adressen haben. Wichtig: Die Daten müssen unbedingt aktuell sein. Niemand möchte falsch angesprochen oder tituliert werden.

Dialog basierte Adressenqualifizierung
Mit der CRM-Adressenselektion analog zu Ihren Messezielen haben Sie mögliche Kunden identifiziert, d.h. dieser Personenkreis passt bis dahin nur aus Ihrer Sicht zu Ihren Zielen und Ihrem Unternehmen. Nun müssen Sie herausfinden ob auf der anderen Seite ebenfalls Interesse an einem persönlichen Kennenlernen besteht. Dabei sollten Sie sich zu keinem Zeitpunkt irritieren lassen, wenn es nicht sofort zu einer Terminvereinbarung kommt. Mit der anstehenden Akquisitionsphase werden Sie diese Adresse in jedem Fall weiter qualifizieren. Das heißt Sie klären ob der Entscheider grundsätzlich an Ihrem Angebot interessiert und zu einem persönlichen Gespräch bereit ist. Auf diese Weise können Sie ihn unabhängig von der Messe mittelfristig als neuen Kunden gewinnen.

Die mehrstufige Dialogstrategie „wärmt" „kalte" Adressen auf, was die Hemmschwelle einen fremden Messestand zu betreten beträchtlich senkt. Außerdem steigt die Bereitschaft für eine Gesprächszusage mit dem mehrmaligen Kontakt.

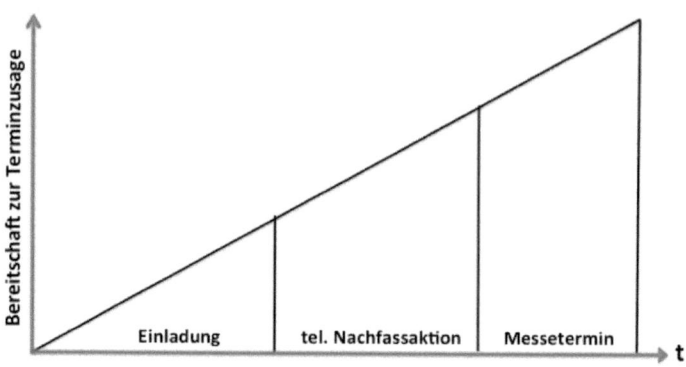

Zielgruppenspezifische Einladung

Egal ob Sie eine klassische Messeeinladung auf postalischem Weg einsetzen oder das Internet nutzen, Ihre Einladung muss beim Empfänger einen unbedingten Besuchswunsch auslösen. Das erreichen Sie am einfachsten indem Sie sich überlegen welchen Nutzen diverse Empfängergruppen von Ihrem Angebot haben könnten. Einen technischen Projektleiter interessieren eventuell reibungslose Produktionsabläufe oder die Kompatibilität Ihrer Technologie mit bestehenden Systemen während für den Einkäufer eine Nachkaufgarantie ausschlaggebend sein könnte. Mit anderen Worten: Es ist dringend zu empfehlen den Inhalt der Einladung dem Empfängerinteresse anzupassen.

Was gar nicht geht sind so stereotype Sätze wie: „Wir stellen aus (Name Messe), Halle.... Stand-Nummer.... und freuen uns auf Ihren Besuch". Welchen Anlass soll hier der Empfänger für einen Messebesuch bei Ihnen haben?

Die visuelle Gestaltung sollte natürlich auch ins Auge springen. Häufig bietet hierbei das Messemotto bereits eine ideale Basis. Wenn Sie möchten dürfen Sie das „springen" wörtlich nehmen. Kennen Sie das Angebot von Refeka – die Homepage **www.refeka.de**. Hier finden Sie viele Anregungen, wie Sie bei Ihren Empfängern lange in Erinnerung bleiben.

Umgang mit Eintrittsgutscheinen

Es ist ein weit verbreiteter Irrtum zu glauben, dass dieses Instrument mit Massenbrief oder Mailing verschickt, Ihren Messestand mit qualifizierten Messeleads füllt. Kein Entscheider kommt einzig und allein zu Ihrem Messestand, nur weil Sie ihm ein Ticket geschickt haben. Wesentlich effizienter ist es, wenn Sie sich auf jene Firmen konzentrieren, mit denen Ihr Vertrieb einen Messetermin vereinbart hat. Warum ich das erwähne? Ich habe vor einigen Jahren einen Unternehmer getroffen, der hatte 200 Gutscheine für die anstehende CeBIT auf seinem Schreibtisch.

Einer meiner Kunden hat seinen Gutschein-Einsatz analysiert: 57% der Gutscheine wurden eingelöst, aber nur 48% dieser Firmen waren an seinem Messestand.

Response-Element fördert den Dialog

Wie wichtig zusätzliche Informationen zum Besuchsanliegen des potenziellen Kunden für die Vorbereitung des persönlichen Kennenlernens auf der Messe sein können habe ich Ihnen bereits geschildert. Ein separates Response-Element welches Sie zusammen mit Ihrer Print- oder Online-Einladung verschicken kann Ihnen dabei helfen. Sollten Sie über eine Landingpage (Messe-Aktionsseite) verfügen, können Sie dieses „Formular" selbstverständlich auch hier einsetzen.

Telefonische Nachfass-Aktion

Aus Erfahrung weiß Ihr Vertrieb, wie schwierig es ist einen Termin mit einer bis dato relativ kalten Adresse zu vereinbaren. Bei der Messeeinladung verhält es sich ebenso. Deshalb ist es wichtig, dass Sie sich von Anfang an darauf einstellen, dass einige der angesprochenen Entscheider aus Ihrer CRM-Datenbank nicht auf Ihre Einladung reagieren. Diese Adressen werden in einer telefonischen Nachfassaktion weiter qualifiziert. Dabei wird es Ihnen vermutlich des Öfteren passieren, dass der von Ihnen angesprochene Entscheider zwar grundsätzlich interessiert aber aus den verschiedensten Gründen momentan nicht zu einem Gespräch bereit ist. Diese Adressen stellen für Sie trotzdem ein großes Potenzial dar und sollten unabhängig von der Messe weiter bearbeitet werden. Entweder Sie verfügen bereits über ein entsprechendes Lead-Management-Konzept für diese Zielgruppe(n) oder Sie entwickeln die Ihrer Infrastruktur entsprechenden Schritte für die weitere Leadbearbeitung.

Wichtig ist auch bei diesem Schritt, dass Sie den Dialog nie abreißen lassen. Hat der Entscheider einer erneuten Kontaktaufnahme zugestimmt – sei es ein Telefonkontakt unmittelbar nach der Messe oder ein Wiedervorlagetermin in ein paar Monaten - bestätigen Sie ihm das schriftlich mit allen Kontaktdaten Ihres zuständigen Vertriebskollegen. Nur so hat der Entscheider die Möglichkeit auch von sich aus aktiv zu werden. Und die Vereinbarung bekommt einen verbindlicheren Charakter.

Vereinbarung von Messeterminen

Die Vereinbarung eines konkreten Messetermins ist ein heiß diskutiertes Thema. Zugegeben, es gibt Branchen, in denen es extrem schwierig ist potenzielle Kunden zu einer verbindlichen Zusage zu bewegen. Andererseits habe ich Branchen erlebt, die positiv überrascht waren, dass ihnen ein Aussteller einen festen Termin angeboten und sich bereits vor der Messe so intensiv um sie gekümmert hat. Und, wir haben aus der

AUMA-Studie gelernt, dass 86% der Entscheider ihre Messetermine vorab vereinbaren.

Aber warum wollen wir eigentlich eine Vereinbarung? Ganz einfach, wir wollen eine für *beide Seiten verpflichtende Vereinbarung* treffen, damit Sie auch nach der Messe „den Fuß in der Türe haben". Und dabei spielt es keine Rolle ob Sie sich mit dem Entscheider lediglich auf die Zusage „ich komme", einen Messetag, die Festlegung „vormittags" oder „nachmittags" oder sogar einen Uhrzeit-Termin einigen können – wichtig ist einzig und allein, dass er zustimmt und zu Ihnen kommen will.

Mit einer umgehenden *schriftlichen Terminbestätigung* unterstreichen Sie Ihr Interesse und Ihr Commitment. In dieser Bestätigung bieten Sie dem Entscheider wieder alle Kontaktmöglichkeiten zu Ihrem zuständigen Vertriebskollegen an, der den Besucher auf der Messe erwartet. Somit halten sie ihm alle Chancen für die Fortsetzung des Dialogs seien es Rückfragen, eine Terminverschiebung oder Vorabinformationen zu seinem Anliegen offen. Erst mit dieser Bestätigung erhält der potenzielle Kunde dann den Gutschein für die Messe-Eintrittskarte. Selbstverständlich verfahren Sie mit den Messeterminvereinbarungen von Ihrer Landingpage oder den Inbound-Marketingaktivitäten genauso.

Die nachfolgende Grafik veranschaulicht wie Ihre mehrstufige Akquisitionsstrategie aussehen könnte.

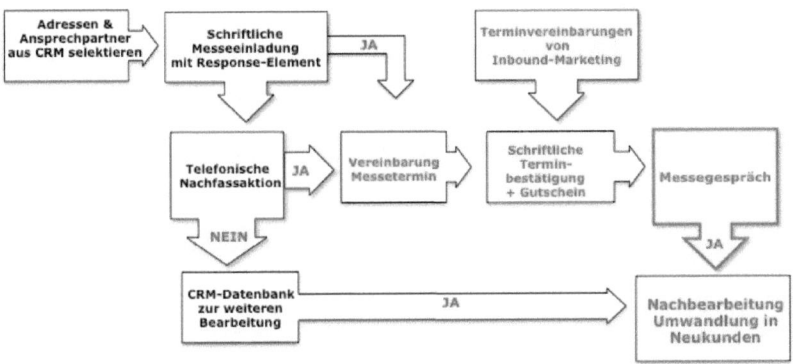

Wichtig ist, dass Sie in jedem Schritt der Akquisitionsphase mit dem potenziellen Kunden im Gespräch bleiben. Auf diese Weise sammeln Sie Informationen zu seinem Anliegen die Ihrem Vertriebsteam ein quasi „personalisiertes Messegespräch" erlauben. Es wäre auch durchaus denkbar, dass Sie für komplexe Anliegen außer Ihrem Vertriebskollegen gleich einen weiteren Spezialisten Ihres Hauses für das Messegespräch einplanen. Lässt sich aus den Informationen bereits eine hohe Qualität = Priorität des Besuchers ablesen könnte es auch von Nutzen sein, Ihr Management einzubeziehen.

Sagen Sie nach der Messe „Danke für Ihren Besuch"

Ihre auf Dialog ausgerichtete Messe-Akquisitionsstrategie wird natürlich erst glaubwürdig, wenn Sie den Besucher nicht wie üblich monatelang auf Ihr versprochenes Feedback warten lassen. Entwickeln Sie daher im Zuge der Konzeptentwicklung mehrere Versionen eines „Danke-Briefes" bzw. einer „Danke-E-Mail". Hierin werden alle auf der Messe getroffenen Vereinbarungen wie Nachmesse-Termine, Telefon-Kontakte, Zusendungen von Angeboten oder Informationsmaterial etc. bestätigt. Auch die Kontaktdaten Ihres zuständigen Kundenberaters werden wiederholt. Am einfachsten hinterlegen Sie Textbausteine die von den bearbeitenden Kollegen je nach Situation abgerufen werden können. Damit wir uns richtig verstehen: Es geht nicht darum, dass Sie dem Besucher nach der Messe sofort das versprochene Angebot zuschicken müssen. Mit „Danke-Brief" bzw. „Danke-Mail" bestätigen Sie lediglich, dass Sie dieses Angebot versprochen haben und es in Arbeit ist.

Umgang mit No-Shows
Kommt der vereinbarte Termin aus welchen Gründen auch immer nicht zustande, habe Sie einen guten Grund diesen sogenannten No-Show unmittelbar nach der Messe wieder anzusprechen so nach dem Motto: „Schade Herr... dass wir Sie nicht auf der ... begrüßen konnten." Das funktioniert allerdings nur, wenn Sie im Vorfeld der Messe eine verbindliche Zusage erhalten und diese bestätigt haben. Bleiben Sie also am Ball! Schließlich war dieser Entscheider vor der Messe noch sehr an einem persönlichen Gespräch mit Ihnen interessiert. Ich betone das, weil

ich immer wieder erlebt habe, dass diese Adressen zu den Akten gelegt wurden so nach dem Motto: „Naja, der hatte doch kein Interesse." Zu diesem Zeitpunkt wissen Sie ja vermutlich noch nicht einmal, warum der Termin nicht zustande gekommen ist. Auch für diese Zielgruppe entwickeln Sie bereits vor der Messe entsprechende „Schade dass Sie nicht kommen konnten" Briefe bzw. E-Mail-Textbausteine.

Roadmap mit Milestones für Aktions-Ablauf

Diese komplexe crossmediale Messeakquisition erfordert eine detaillierte Planung. Von Anbeginn muss feststehen wer für welche Aufgaben zuständig ist und bis wann diese zu erledigen sind. Außerdem müssen sämtliche benötigten Formulare sowie E-Mails oder Briefe als Textbausteine im Vorfeld entwickelt werden. Eine Roadmap mit verbindlichen Milestones (Namen der verantwortlichen Person + Termine) hilft Ihnen dabei und macht den Ablauf der Aktion für alle Beteiligten transparent.

Weitere Quellen für Ihre Leadgenerierung

Neben der zuvor beschriebenen klassischen Strategie bieten sich noch weitere Möglichkeiten mit denen Sie analog oder digital Interessenten für einen Messekontakt gewinnen können. Bedenken Sie: Je mehr Instrumente Sie nutzen umso präsenter sind Sie bereits lange vor der Messe. In diesem Zusammenhang möchte ich Ihr Augenmerk auch auf die Zusatzangebote der Messeveranstalter lenken. Falls Sie keine Kapazitäten für die mehrstufige Akquisition haben, könnten Sie sich auf diese Weise personell entlasten und trotzdem eine professionelle Lead-Generierung für Ihre Messe sicherstellen. Zugegeben, diese Services sind nicht umsonst, aber was haben Sie von einer internen Messeakquisition die aus Zeitgründen nur halbherzig umgesetzt werden kann?

E-Mails

Es versteht sich natürlich von selbst, dass Sie bereits lange vor der Messe in allen E-Mails, die Ihr Haus verschickt, einen Hinweis auf Ihre bevorstehende Messebeteiligung integrieren. Und mit „alle E-Mails" meine ich wirklich alle Abteilungen Ihres Unternehmens, welche Kundenkontakt haben.

Korrespondenz-Aufkleber

Einige Messegesellschaften bieten kleine Korrespondenzaufkleber an, die in den meisten Fällen durch einen Aufdruck mit Ihrem Firmennamen oder Logo sowie den Ausstellungsdaten mit Hallen- und Standnummer gegen Aufpreis personalisiert werden. So können Sie schon sehr frühzeitig mit Ihrer Firmenkorrespondenz (Briefe, Rechnungen usw.) auf Ihre Beteiligung aufmerksam machen.

Eintrag im Aussteller-Katalog

Dieser seit Jahrzehnten übliche Service hat sich mittlerweile zu einem virtuellen Instrument entwickelt. Einige Messen bieten mit dem Eintrag zusätzlich sogenannte kostenpflichtige *Add Ons* zum Teil mit Verlinkung zur Ihrer Homepage an mit denen Sie bei der Ausstellersuche von Entscheidern ganz weit oben landen. Auch hierbei gilt: prüfen was möglich ist und frühzeitig anmelden.

Messe News-Ticker

Hier finden surfende Interessenten auf der Veranstalter-Homepage prominent platzierte Meldungen von Ausstellern.

Special Interest Portale

Um Entscheidern die Suche nach spezialisierten Lieferanten zu erleichtern bieten Veranstalter mittlerweile auch sogenannte *Special Interest Portale* an, in denen die betreffenden Aussteller gelistet sind. So werden Aussteller, die sich der Nachhaltigkeit verpflichtet haben bei der Messe Frankfurt auf Wunsch zum Beispiel in ein „Green Directory" aufgenommen.

Branchen-Plattform – die 365-Tage-Messe

Viele Veranstalter bieten Ausstellern zusätzlich die Möglichkeit auf der Messe-Homepage ein ausführliches Unternehmens- und Produkt-Profil mit Verlinkung zur Unternehmens-Homepage zu hinterlegen. Aus diesen Unternehmensprofilen entsteht dann quasi eine „virtuelle Messe", auf der Interessenten während 365 Tagen im Jahr Informationen zu beteiligten Unternehmen finden. Da diese Profile bereits vor der Messe veröffentlicht werden, können Sie auch über diese Plattform möglicherweise neue Kunden kennenlernen und mit ihnen einen Messetermin vereinbaren

Fachbesucherdatenbank als Leadgenerator

Sie kennen das: Als Fachbesucher einer Messe werden Sie in der Regel um Informationen zu Ihrer Person einschließlich Ihrer Funktion im Unternehmen gebeten. Daraus resultiert bei einigen Messen eine Fachbesucherdatenbank, die Sie ebenfalls zur Leadgenerierung anzapfen können. Auch hierfür gilt: Prüfen Sie rechtzeitig die Angebote, lassen sich beraten und ein Angebot erstellen

Professionelle Lead-Generierung durch externe Dienstleister
Wie bereits angesprochen: Wenn Ihrem Team die Zeit für eine konsequente Messeakquisition fehlt, könnte ein externer Dienstleister diese Aufgabe für Sie übernehmen. Einige Messen wie zum Beispiel die Deutsche Messe AG in Hannover bietet diesen Service über ihre Tochterfirma *Deutsche Messe Interactiv* an. Basierend auf Ihrem Briefing (hierfür benötigen Sie unbedingt Ihre klar definierten Ziele und Vorgaben für die Zielgruppe!) übernimmt das Unternehmen, abhängig davon welches Servicepaket Sie buchen, die Akquirierung von Messeleads bis hin zur Terminvereinbarung an Ihrem Messestand.

Match-Making-Programme
Ein für Sie als Aussteller möglicherweise sehr interessantes Lead-Generierungsinstrument sind die kostenpflichtigen Match-Making-Programme. Mit ihnen wird, wie es der Name schon sagt, Nachfrage und Angebot gezielt zusammengeführt. Hierfür melden sich beide Seiten vor Messebeginn an und hinterlegen ein detailliertes Profil. Sucht ein Interessent zum Beispiel einen Lieferanten für pneumatische Antriebe so wird er automatisch mit einem beteiligten Aussteller verbun-

den. Auf diese Weise können Sie zusätzliche Messekontakte gewinnen. Am besten prüfen Sie die Homepage des Messe-Veranstalters oder fragen den verantwortlichen Projektleiter.

Zur CeBIT 2011 wurde erstmalig das hochkarätige Match-Making-Programm „Hosted Buyer Packages" angeboten. In dieses Programm wurden ausschließlich weltweit Entscheider mit einem Investitionsvolumen im ITK-Bereich von mindestens 80.000 € aufgenommen. Für sie wurden jeweils sechs Termine mit passenden Ausstellern auf der Messe vermittelt. Tour Guides führten die Hosted Buyer zu den Messeständen der Aussteller.

Soziale Netzwerke als Akquisitionsinstrument

Nutzt Ihr Unternehmen bereits Social Media-Kanäle aktiv? Dann sollten Sie auch diese Quellen für die Bekanntmachung Ihrer bevorstehenden Messebeteiligung nutzen. Sprechen Sie über Ihre messerelevanten Themen und machen Sie neugierig auf einen Besuch an Ihrem Messestand. Sofern möglich setzen Sie wieder einen Link zur Ihrer Messe-Landingpage. Der Vorteil dieser Kanäle: In vielen Fällen bietet sich ein Multiplikationseffekt durch den „Like-Button" oder ähnliches. Das bedeutet, Ihre Botschaft verbreitet sich viral ohne Ihr Zutun. Wenn sich auch Ihre kaufenden Kunden in dem Netzwerk tummeln könnten sie mit deren Bewertungen im Sinne des „Word-Of-Mouth-Marketings" Ihrer Social-Media-Kampagne einen zusätzlichen Impuls geben.

Spannungsbogen vor der Messe aufbauen

Ein 3D-Modell des Messestandes auf der Homepage macht neugierig auf den Messebesuch, dient als Orientierung, da alle wichtigen Stationen bereits virtuell „begehbar" sind und stärkt den Wiedererkennungswert auf der Messe. Wenn Sie den Zugang zu dieser Seite durch eine Registrierung steuern, haben neugierige Wettbewerber keine Chance sich ebenfalls vorab zu informieren. Die Interaktionsprotokolle geben Ihnen bereits vor der Messe Aufschluss über das Besucherinteresse. In Kombination mit der interaktiven Akquisitionsstrategie erhalten Sie so wichtige Informationen für Ihren kundenorientierte Personaleinsatzplanung auf der Messe.

Serviceorientierte Messestandorganisation

Ihre Serviceorientierung sollte sich natürlich auf dem Messestand fortsetzen. Das bedeutet, dass Sie sich noch vor der Entwicklung des Standkonzeptes ein paar Gedanken zu den Arbeitsabläufen auf dem Stand machen sollten.

Messe-Terminkalender
Das beginnt bei der gewöhnlich ersten Anlaufstelle auf dem Messestand der Empfangs- oder Infotheke. Hier sollte ein Messe-Terminkalender für alle Mitarbeiter einsehbar verfügbar sein, in dem alle vor der Messe vereinbarten Termine eingetragen sind. Somit kann jeder Standmitarbeiter eigene Termine ändern oder ergänzen und Mitarbeiter können einem Besucher auch einen Ausweichtermin für Kollegen anbieten, die zum Zeitpunkt des Besuches nicht verfügbar sind. Voraussetzung ist natürlich, dass dieser Kalender täglich aktualisiert wird.

Wenn Sie diesen Kalender in Outlook verwalten, könnten Sie für einen zuvor gemeinsam vereinbarten Zeitraum nach der Messe (zum Beispiel 6 oder 8 Wochen nach der Messe) die Zeiten hinterlegen, zu denen die Stand-Mitarbeiter für ein mögliches Nachmesse-Gespräch zur Verfügung stehen könnten. Auf diese Weise könnte jeder im Team für jeden

Kollegen einen Nachmesse-Termin (Besuch oder Telefonat) mit einem Besucher vereinbaren. Selbstverständlich erhält auch dieser Besucher Danke-Brief bzw. Danke-Mail mit Namen und sämtlichen Kontaktdaten des zuständigen Kollegen, der ihn später betreuen wird.

Der Vorteil dieser Vorgehensweise: Sie können einen interessanten Besucher mit dem Nach-Messetermin für die weitere Bearbeitung „festnageln." Was wäre die Alternative? Nun, Ihr betreffender Kollege müsste nach der Messe zig Mal versuchen, mit dem infrage kommenden Entscheider in Kontakt zu kommen, um einen Termin zu vereinbaren. Mit der genannten Strategie behalten Sie Ihren Fuß in der Türe. Wenn Sie diese Strategie noch toppen wollen hinterlegen Sie einfach die Visitenkarten aller Kundenbetreuer an der Infotheke. Dann kann der Besucher sofort die Visitenkarte des ihn in Zukunft betreuenden Kollegen mitnehmen. Sollte es dann nach der Messe bei einem der beiden nicht mit dem Termin klappen, kein Problem – die Kontaktdaten sind ja ausgetauscht.

Sie glauben, das ist zu viel des Guten? Nun, wie finden Sie dann das meist anzutreffende Verhalten der Standmitarbeiter? Mit dem Kommentar: „Der Kollege Müller ist heute leider nicht am Stand" wird ein möglicherweise sehr interessanter Besucher weggeschickt! Sie würden sich also wohltuend vom Wettbewerb differenzieren wenn Sie diese Situation anders handhaben. Diskutieren Sie diesen Punkt in Ihrem

Messe-Kick-Off-Meeting gleich zu Beginn Ihrer Messeplanung mit Ihren Kollegen.

Digitale Leaderfassung ermöglicht kurze Reaktionszeit

Obwohl Smartphones und Tablets längst Messealltag geworden sind, werden Messegespräche häufig noch analog auf Papier erfasst. Das Ergebnis kennen Sie vermutlich. Unleserliche Notizen die außer dem betreffenden Verkäufer niemand entziffern kann. Visitenkarten die im Sakko der Verkäufer verschwinden (es gibt Verkäufer die glauben, dass diese Adressen „ihr Eigentum" seien). Kurzum – Berge von Papier, die Gefahr wichtige Informationen zu verlieren und eine zeitraubende manuelle Erfassung sind das Ergebnis.

Was liegt da näher als das Messeteam mit digitalisierten Fragebögen auf dem Tablet auszustatten? Mit diesem Tool können Sie Messegespräche erfassen, Notizen machen, Skizzen hinterlegen, fotografieren und die Visitenkarte des Besuchers scannen. Einfacher und schneller können Sie die anschließende Messe-Nachbearbeitung nicht organisieren! Etwas schwieriger gestaltet sich der Einsatz von Erfassungsterminals, in die das Standteam sein Gespräch hinterher eingibt. Das führt allzu leicht dazu, dass ein Verkäufer plötzlich mit 10 Visitenkarten in der Hand versucht, diese 10 Gespräche im Nachhinein zu rekapitulieren. Keine ideale Lösung, vor allem dann, wenn schon wieder drei Besucher hinter ihm stehen.

Back-Office

Auch die zeitnahe Bearbeitung der Messeleads stellt für viele Unternehmen ein großes Logistik- und Zeitproblem dar. Es vergehen häufig bis zu sechs Monate, bis ein Besucher die versprochenen Unterlagen vom Aussteller bekommt. Ein Back-Office auf dem Messestand ist die ideale Lösung, um diesen Prozess zu beschleunigen.

Hier werden entweder die digital erfassten Gespräche sofort bearbeitet oder die geschriebenen Messeprotokolle zunächst erfasst und dann bearbeitet. Statten Sie das Back-Office mit einem Internetanschluss aus, so können Sie gleich die getroffenen Messevereinbarungen mit einer Danke-Mail bestätigen und an den Besucher einschließlich Infomaterial oder Links zu den Informationsquellen versenden. Einige Lead-Management-Programme erlauben sogar die Einbindung eines Verkäufer-Fotos, was der Bestätigungs-Mail eine zusätzliche persönliche Note verleiht.

Die sofortige Lead-Bearbeitung ermöglicht es Ihnen auch, sehr zeitnah zur Messe die Leads zu analysieren und Prioritäten für die Nachbearbeitung festzulegen. Wobei Ihnen hier die digitale Version wieder wertvolle Zeit spart. Das bedeutet, Sie können umgehend mit der eigentlichen Nachmesse-Arbeit beginnen.

Generieren Sie zusätzliche Leads durch einen besucherfokussierten Messeauftritt!

Ihre Messeziele bilden die Basis für Ihr Standkonzept. Setzen Sie bei der Konzeptentwicklung unbedingt die Kundenbrille auf. Fragen Sie sich, wie Sie als Besucher den Auftritt wahrnehmen, was Sie anziehen oder eher irritieren würde. Ihr Messestand soll auch potenzielle Kunden ansprechen, zu denen Sie bisher noch keinen Kontakt hatten. Deshalb muss der fremde Besucher binnen Sekunden erkennen, dass SIE der richtige Partner für seine Problemlösung sind.

Selektive Wahrnehmung beeinflusst Besucherverhalten

Die Entscheidung einen Messestand zu betreten wird vom Unterbewusstsein des Besuchers gelenkt. Binnen 3-5 Sekunden entscheidet sein Unterbewusstsein, ob es sich lohnt einen Messestand zu betreten oder nicht. Ist Ihr Stand mit Exponaten, Grafik-Elementen oder Informationen überladen, fehlt dem Besucher die erforderliche Orientierung für seine Entscheidung und er geht vorbei. Er wird die Einzigartigkeit Ihres Angebotes einfach nicht erkennen. Deshalb gilt: Weniger ist Mehr. Reduzieren Sie alle Standelemente auf das Wesentliche.

Besonders gefährlich sind Messeaktionen, die sich nicht selbst erklären oder keinen Bezug zum Unternehmen und seinen Produkten haben. Sie lösen beim Besucher „Fragezeichen im Kopf" aus. Das führt dann im schlimmsten Fall zu einer Anti-Stimmung gegenüber dem Aussteller. Sorgen Sie deshalb dafür, dass Ihre Messeaktionen immer von Standmitarbeitern begleitet werden, die Fragen der Besucher beantworten können.

Emotionale Beeinflussung – Ihr Unternehmen mit allen Sinnen erleben

Ihr Messeauftritt sollte alle Sinne der Besucher ansprechen. Unser Unterbewusstsein reagiert auch auf subtile Beeinflussung. Denken Sie an ein Einkaufszentrum: Hier wird nichts dem Zufall überlassen. Alles ist darauf ausgerichtet, dass sich Besucher wohl fühlen und länger verweilen als sie es vorhatten. Das gleiche gilt für Ihren Messestand. Hierzu bedarf es einer ausgewogenen „Komposition" aus Architektur, grafischen Elementen, Material- und Farbauswahl, Präsentationen, Licht, subtilen Beeinflussungsmöglichkeiten wie Pflanzen und Geruch sowie einem hochmotivierten Messeteam. Wenn es Ihnen gelingt diese Elemente entsprechend Ihrem Budget fein abgestimmt einzusetzen und Sie dabei den Servicegedanken noch berücksichtigen haben Sie bereits gewonnen.

Impulse statt Produkte! Komponenten findet jeder im Internet!
Wer heute einen neuen opto-elektronischen Sensor sucht, wird nicht bis zur nächsten Messe warten. Ein Klick auf eine virtuelle Messe im Internet www.directindustry.de reicht um schnell fündig zu werden. Natürlich ist eine Bild basierte industrielle Suchmaschine kein Ersatz für das haptische Erleben auf der Messe. Nur, welches unvergessliche Erlebnis schaffen Sie für Besucher mit Ihrer austauschbaren Komponentenschau?

Ihr Kunde weiß, was er will,
aber er weiß nicht, was er haben könnte!
Zeigen Sie es ihm!

Querdenken erwünscht
Wie wäre es mit einem Messestand ohne Produkte? Nicht vorstellbar? Warum eigentlich? Müssen Ihre Besucher wirklich jeden Drehgeber in die Hand nehmen können? Versuchen Sie zumindest Ihre Produktschau kräftig zu entrümpeln. Nutzen Sie die Fläche für andere Aktivitäten: Veranstalten Sie Ihr eigenes Expertenforum. Bieten Sie eine Plattform zum Erfahrungsaustausch. Etablieren Sie Ihren eigenen Think-Tank. Wagen Sie mit Ihren Besuchern einen Blick über den Tellerrand. Nehmen Sie Ihre Besucher mit auf eine Reise in die Zukunft usw. Sie dürfen alles - nur hören Sie auf, nach Ihrem Wettbewerber zu schielen. Der tut das nämlich auch.

Materialschlacht ade!

Ob Hannover Messe, Automatica, EMO, Interpack, Drupa oder Motek - um nur einige zu nennen - die Bilder gleichen sich: 100, 200 oder 500 qm voll gepackt mit Maschinen und Anlagen. Es gibt schier kein Durchkommen. Und der Besucher? Der findet im Zweifelsfall doch nicht die Lösung für sein Problem. Warum also die Standfläche bis zur Unkenntlichkeit verbauen wenn es andere Möglichkeiten gibt. Weil das alle so machen! "Klotzen statt Kleckern" lautet die Devise. Dass damit - abgesehen von der individuellen Standarchitektur - kaum eine Differenzierung möglich ist, scheint niemanden zu stören. Dabei wissen alle Beteiligten, dass die gezeigten Exponate in der Regel austauschbar sind.

Sorgen Sie für ein „Aha-Erlebnis" bei Ihren Besuchern

Sie sollten bei Ihrer Entscheidung auch bedenken, dass alles, was ein Mensch persönlich erlebt, am besten im Gedächtnis haften bleibt. Gibt es eventuell die Möglichkeit, dass Ihr Besucher selbst aktiv werden kann: Zum Beispiel ein Exponat selbst bedienen oder den „On-Button" drücken um dann live zu erleben, wie „seine theoretische Lösung funktioniert?

Produktvorteile oder Lösungsdenken?

Zugegeben, Ihre neuen Messedisplays mit den Exponaten sind State-of-the-Art. Eine gute Voraussetzung für erfolgreiche Messegespräche -

denken Sie. Aber haben Sie nicht vielleicht bei Ihrem Messekonzept etwas übersehen? Verstehen Sie sich nicht längst als Lösungsanbieter? Warum präsentieren Sie dann immer noch ein Sammelsurium von Einzelteilen? Wie um alles in der Welt sollen Ihre Verkäufer unter diesen Umständen mit Begeisterung nach Lösungsansätzen für ihr Gegenüber suchen?

Kundennutzen als Schlüsselbotschaft

Es ist nicht einfach, eine prägnante Botschaft zu finden. Möglicherweise lassen Ihre Exponate sogar mehrere, einzigartige Aussagen zu. Vermeiden Sie trotzdem den Kardinalfehler vieler Aussteller und entwickeln das Motto aus der Innensicht Ihres Unternehmens. Konzentrieren Sie sich lieber auf die „Entscheidungshierarchie" Ihrer Besucher. Die interessieren sich primär für ihren Nutzen und persönliche Vorteile, die Ihr Angebot bietet nach dem Motto:

„Der Kunde will keinen Nagel, er will ein Loch!"

Wichtig ist auch, dass Sie sich auf wenige, dafür prägnante Aussagen beschränken. Ein vorbeigehender Besucher kann nicht binnen weniger Sekunden viele Informationen zeitgleich filtern, um dann das für ihn wichtigste zu erkennen. Sein Gehirn ist damit schlichtweg überfordert. Deshalb gilt: Weniger ist Mehr.

Präsentationen sind kein Ersatz für das Messegespräch

Für Ihren Messeauftritt bieten sich vielfältige Präsentationsmöglichkeiten an: Von der selbst erstellten PowerPoint-Präsentation, über professionell erstellte Videos, bis hin zu autark ablaufenden Live-Präsentationen. Jeder Präsentationstyp wird Besucher animieren und in den Stand ziehen. Mit einer Mischung aus Unterhaltung und Information bieten sie sich zur Zeitüberbrückung für wartende Besucher ebenso an wie als Informationsquelle oder zur Unterstützung von Messegesprächen.

Allerdings sollte der Einsatz dieser Instrumente gut überlegt sein. Präsentationen dürfen keinesfalls das persönliche Gespräch ersetzen, auch wenn viele Messestände genau diesen Eindruck vermitteln. Viele Präsentationen könnten eine ideale Gelegenheit für das Messeteam sein, mit Besuchern ins Gespräch zu kommen. Leider erlebe ich häufig das Gegenteil. Offensichtlich soll die im Außenbereich des Standes platzierte Präsentation den Verkäufern den Rücken frei halten damit sie sich ungestört im Standinnern unterhalten können. Natürlich versteht es sich von selbst, dass Sie nur wirklich professionell erstellte Präsentationen einsetzen, die Ihren Unternehmensstandards entsprechen.

Messegespräch - mit dem Besucher auf Augenhöhe

Ja, die Zeiten haben sich gewandelt. Mit abgedroschenen Standardfloskeln, dem Runterrattern von Produktfeatures und einer unspezifischen Gesprächsführung werden Sie bei dem neuen Entscheidertyp keinen Blumentopf gewinnen. Der früher übliche Gesprächseinstieg nach der RFI-Methode (Request for Informationen) mit der sich Besucher grundlegende Informationen beschaffen wollten, ist vorbei. Ihr digital vorbereitetes Gegenüber steigt vermutlich von Anfang an wesentlich tiefer ein. Und, das sollten Sie nicht unterschätzen, er kennt Ihren Markt extrem gut. Da ist es natürlich von Vorteil für Sie, wenn Sie Ihre verschiedenen Customer-Touchpoints mit relevanten Informationen versorgt haben. Vielleicht ist das sogar der Grund, warum er Sie aufsucht – er hat Sie eventuell schon in die engere Wahl gezogen.

Auf jeden Fall zahlt es sich aus, wenn Sie durch den „Vor-Messe-Dialog" schon sehr viel über Ihren Besucher und sein Anliegen wissen. Das gibt Ihnen die Möglichkeit mit solide vorbereiteten, markt- und unternehmensspezifischen Informations- und Argumentationsketten den anspruchsvollen Erwartungen Ihres Besuchers auf Augenhöhe zu begegnen. Das wiederum setzt voraus, dass Sie die hierfür benötigten Daten und Informationen für Ihr Team unkompliziert verfügbar machen. Fragen wie: Wo stehen Sie mit Ihren Produkten im Vergleich zum Wettbewerb? Wie haben sich Ihre Produkte im Vergleich zum Wettbewerb entwickelt? Im letzten Jahr? In den letzten 10 Jahren? Dazu kommen dann noch länderspezifische Fakten und ein fundiertes Branchen- und kundenspezifisches Wissen.

Hierfür benötigen Sie ein intelligentes Datenmanagement welches es Ihnen erlaubt, aus den gesammelten Informationen und Daten eine anspruchsvolle Präsentation zusammenzustellen und Ihren Verkäufern für das Messegespräch zur Verfügung zu stellen. Das führt uns wieder zum Thema „Automatisierung der Vertriebskommunikation". Nur mit Hilfe der Digitalisierung und Automation werden Sie künftig in der Lage sein, die anfallenden Daten und Informationen zu bearbeiten und zu nutzen. Und zwar auf Knopfdruck und nicht wie bisher durch manuelles Zusammentragen.

Bezogen auf Ihr Messegespräch ist es dann besonders vorteilhaft, wenn Ihr Produkt oder Ihre Lösung sich von vielen unterschiedlichen Branchen nutzen lässt. In diesem Fallen ließen sich quasi auf Knopfdruck branchenspezifische Argumentationen, Nutzenversprechen und Referenzen aufrufen und automatisch zu einer Branchen-Präsentation verarbeiten. Das heißt, anhand der Messe-Besucherstrukturdaten könnten Sie im Vorfeld einige branchenspezifische Präsentationen für die Messegespräche vorbereiten. So ausgestattet würde Ihr Verkäufer dem ebenfalls gut vorbereiteten Entscheider tatsächlich auf Augenhöhe begegnen können. Eine optimale Voraussetzung für einen überzeugenden

Eindruck, einen echten Dialog und hoffentlich erfolgreichen Geschäftsabschluss.

Sales Package – ein MUSS für den Vertrieb

Neben den eben beschriebenen branchenspezifischen Präsentationen könnten weitere Unterlagen für das Messegespräch hilfreich sein. Die Auswahl der Instrumente hängt von Ihren Messezielen ab:

○ Kundennutzen-Argumentationshilfen für Ihre Exponate
○ Applikations-Präsentationen
○ Wirtschaftlichkeitsberechnungen
○ Präsentation mit Referenzanlagen
○ Ausreichende Menge Visitenkarten + Namensschilder usw.

Je nach Situation sollten Sie in diesem Package auch alle verfügbaren Informationen zu Ihren Wettbewerbern zusammentragen: Produktneuheiten, deren Features, Vor- oder Nachteile gegenüber Ihren Produkten usw.

Auf jeden Fall sollten Sie gemeinsam mit dem Vertrieb schon Monate vor der Messe festlegen, welche Materialien hierfür in Frage kommen und diese dann frühzeitig produzieren und dem Team zur Verfügung stellen.

Internes Messe-Handbuch

Dieses Manual versorgt alle Standmitarbeiter mit den wichtigsten allgemeinen Informationen rund um Ihre Messebeteiligung.

○ Standgrundriss

○ Hallenplan (Position Ihres Standes + Wettbewerber)

○ Allgemeine Informationen über die Messe

○ Wichtige Telefonnummern

○ Messe-Öffnungszeiten

○ Hoteladresse

○ Bus-Shuttle Hotel-Messe-Hotel

○ Messe-Terminplan

○ Personal-Einsatzplan

○ Name des Standleiters

○ Zeiten für tägliches Briefing & De-Briefing

○ Kernarbeitszeiten

○ Wichtige Termine: Kundenabend, PR-Konferenz etc.

○ Messe-Rahmenprogramm wie Kongresse, Vorträge usw.

○ Team-Feedback-Fragebogen

Spätestens zur Standeinweisung sollten sie es dann an das Team verteilen.

Messe-Etikett-Handbuch

Oft handelt es sich bei einem Messeteam um ein international zusammengestelltes Team. Es ist daher essentiell sicherzustellen, dass alle Team-Mitglieder wissen, welches Verhalten von ihnen erwartet wird. Daher ist es empfehlenswert, ein Etikett-Handbuch zu entwickeln, in dem alle Do's und Dont's schriftlich festgehalten sind. Hierzu zählt der Dress-Code ebenso wie die Vereinbarungen zum Verhalten (Essen, Trinken, Handy-Nutzung usw.) oder zur Standdisziplin. Bei internationalen Messeteams ist es sinnvoll dieses Handbuch in Englisch zu verfassen. Ideal ist es natürlich, wenn Sie dieses Tool im Intranet abrufbar bereithalten.

Fragebogen Team-Feedback

Das unmittelbare Feedback Ihrers Messeteams ist ein wichtiger Baustein für die Messeprozess-Optimierung. Das beginnt bereits bei der internen Messevorbereitung: Wurden die Informationen und Unterlagen dem Team frühzeitig genug zur Verfügung gestellt? Wie war das Handling der vorbereiteten Präsentationen etc.? Ihre Kollegen wissen auch am besten welche Exponate das größte Interesse fanden, was bei Besuchern weniger ankam usw. Wie waren die organisatorischen Arbeitsläufe am Messestand?

Gibt es hier etwas zu verbessern? Was ist dem Team sonst noch aufgefallen? Was könnte in Zukunft besser laufen?

Bereiten Sie diesen Fragebogen rechtzeitig vor der Messe vor. Als Print-Version könnte er Bestandteil Ihres Messe-Handbuches sein. Sollten Sie die Online-Version bevorzugen sollte es unmittelbar nach der Messe im Intranet für die Kollegen verfügbar sein oder Sie verschicken es per E-Mail. So stellen Sie sicher, dass die Eindrücke der Kollegen noch frisch sind.

Prospekte und anderes Informationsmaterial

Wir haben bereits besprochen, dass der Zeitfaktor ein wichtiger Aspekt der Messe-Nachbearbeitung ist. Daher ist es empfehlenswert, dass Sie sich vor der Messe überlegen, welche Medien für die Informationsvermittlung Sie voraussichtlich nach der Messe an Besucher schicken werden. Es nutzt Sie nichts, wenn die Informationen zwar vorhanden der benötigte Datenträger wie zum Beispiel USB-Stick nicht vorrätig ist. Das gilt natürlich auch für das Material, welches Sie auf der Messe möglicherweise verteilen möchten.

Messetraining – Trockenübungen als Ersatz für die Messewirklichkeit?

Alle Jahre wieder: Kurz vor Messebeginn wird die Verkaufsmannschaft auf die bevor stehende Messe eingeschworen: Motivationstraining, Rhetoriktraining, Gesprächstraining. Und das Ergebnis? Spätestens nach zwei Tagen verfallen die meisten Verkäufer wieder in ihren gewohnten Trott - Hektik, Stress, Druck und so manche schwierige Situation lassen das zuvor Gehörte schnell wieder vergessen. Ist das Absicht? Nein sicher nicht. Hat sich die Investition für Sie gelohnt? Vermutlich nicht....

Frage: Was können Sie tun, um diesen "Teufelskreis" wirkungsvoll und nachhaltig zu durchbrechen, und Ihre Verkäufer gleichzeitig noch erfolgreicher zu machen?

Viele von Ihnen wissen um die inneren Widerstände und den Frust im Team wenn das Messetraining häufig am letzten Aufbautag auf der Agenda steht. Warum? Nun, zum einen wurden viele Verkäufer bis zu diesem Zeitpunkt überhaupt nicht involviert (Messe ist schließlich Marketingsache). Im schlimmsten Fall kennen sie bis dahin weder die Messeziele noch das darauf beruhende Auftrittskonzept. Auch die Produktneuheiten sind für sie möglicherweise noch ein schwarzes Loch, da nicht bekannt. Darüber hinaus haben viele Verkäufer erkannt, dass diese "Trockenübungen" kein Ersatz für die Messewirklichkeit sind.

Bevor Sie also von einem wie auch immer gearteten Messetraining ein Wunder erwarten, sollten Sie Ihr Vertriebsteam frühzeitig ins Boot holen: Bereits vor der Messe erfahren Ihre Verkäufer, wie sie das Instrument Messe noch besser für ihre Ziele nutzen und einsetzen können. Die gemeinsame Erarbeitung des Messeprozesses hilft ihnen dabei, Chancen früher zu erkennen, und somit schneller und cleverer zu sein als der Wettbewerb.

Auch die Produktschulung für die Messe-Neuheit steht gleich am Anfang der gemeinsamen Messeplanung. Nur so können sich Ihre Kollegen frühzeitig Gedanken machen, für welchen kaufenden oder potenziellen Kunden diese Neuheit interessant sein könnte und diesen Personenkreis gezielt einladen. Außerdem erleichtert die frühzeitige Produktschulung die Messegespräche, da die Features der Neuheit, und der damit verbundene Kundennutzen, lange vor der Messe vom Team „verinnerlicht" wurden.

Falls Sie Optimierungsbedarf im Hinblick auf Gesprächsführung oder Verhalten am Messestand haben schalten Sie einen erfahrenen Coach ein der Ihr Team unauffällig und diskret ein paar Tage auf der Messe begleitet. Durch dieses Live-Coaching erhalten Ihre Verkäufer ein unmittelbares Feedback und optimieren so ihr Verhalten situations- und personenbezogen. Coaching ist ein bewährtes Instrument, dem weit verbreiteten Messefrust nachhaltig zu begegnen. Das ist Motivation pur.

Virtuelles Messebriefing als effiziente Teamvorbereitung

Falls in Ihrem Unternehmen die interne Kommunikation über ein Intranet oder Videokonferenzen bereits möglich ist, sollten Sie diese Instrumente für die Messevorbereitung Ihres Messeteams nutzen. Es wirkt ja fast schon anachronistisch, wenn trotz vorhandener Technik Messeteams aus allen Herren Ländern Tage vor Messebeginn zusammengerufen werden, um ihnen den Messestand vorzustellen oder sie zum wiederholten Mal mit dem Dress-Code bekannt zu machen. Ideal ist ein Online-Messe-Kick-Off-Workshop Monate vor der Messe bei dem das Team virtuell mit der Messe-Neuheit vertraut gemacht wird, die Messeziele kennenlernt und sich gemeinsam Zielgruppen und Messeprozess erarbeitet.

Vor allem bei größeren Messeständen kann ein virtueller Messestand im Intranet eine ideale Lösung sein, um alle Teammitglieder mit den Standbereichen und den persönlichen Aufgaben der jeweiligen Mitarbeiter vertraut zu machen. Selbst Ihr Messetraining könnte mit Hilfe eines Webinars wesentlich effizienter gestalten werden als ein Präsenztraining, an dem aus Kostengründen dann doch nicht alle Verkäufer teilnehmen können.

Wurden die firmeninternen Vorgaben für Corporate Behaviour oder Dress-Code einmal verbindlich verabschiedet, kann jedes Teammitglied diese Informationen jederzeit im Intranet abrufen und sein Wissen auffrischen.

Vor-Ort-Leadgenerierung als interessante Option

Auch auf der Messe können Sie noch gezielt potenzielle Kunden erreichen. Viele Messegesellschaften bieten heutzutage Sonderpräsentationen, angeschlossene Kongresse oder Guided Tours um Besucher und Aussteller zusammenzubringen. Prüfen Sie frühzeitig welches Angebot für Sie in Frage kommt und lassen Sie sich vom Projektverantwortlichen der Messe beraten. Beginnen möchte ich jedoch mit einer Möglichkeit, die sich auf Ihrem Messestand bietet:

Multitouch-Präsentation generiert wertvolle Leads
Diese interaktive Informationsvermittlung auf dem Messestand bietet Ausstellern und Besuchern gleichermaßen Vorteile. Ohne auf einen Gesprächspartner auf Ihrem Stand warten zu müssen beschafft sich der Besucher sehr gezielt Informationen zu Produkten oder Neuheiten: Er schickt sie entweder an seine E-Mail-Adresse oder lädt sie direkt auf einen mobilen Datenträger. Lästiges Tütentragen mit Prospekten oder Katalogen entfällt. Der Aussteller generiert über die gespeicherten E-Mail-Adressen wertvolle Kontakte, die er nach der Messe gezielt weiter bearbeiten kann. Darüber hinaus hilft ihm diese Form der Präsentation Spitzenzeiten abzufangen, in denen nicht alle Besucher auf dem Messestand persönlich betreut werden können.

Spezial-Präsentationen

In unserer komplexen Produktionswelt hat sich diese Präsentationsform bei den meisten Messen als fester Programmteil etabliert. Auf einer speziell ausgewiesenen Hallenfläche werden unter einem bestimmten Motto State-of-the-Art-Branchenlösungen präsentiert. Häufig finden auch sogenannte „Supplier Conventions" (Einkäufertag) parallel auf dem Messegelände statt. Sollten Sie sich für eine Teilnahme interessieren setzen Sie sich frühzeitig mit dem Projektmanager der Messe in Verbindung.

Messe-Rahmenprogramm

Eine weitere, exzellente Möglichkeit, die Leistungsfähigkeit Ihres Unternehmens zu präsentieren, stellen die von der Messe angebotenen Veranstaltungen (Symposien, Vortragsreihen usw.) dar. Sie sind gewöhnlich hochkarätig besetzt – Referenten sind zumeist Firmeninhaber, Vorstände oder gehobenes Management. Obwohl die Teilnahme in den meisten Fällen kostenpflichtig ist, stellen diese Veranstaltungen eine wichtige Präsentationsplattform dar. Fragen Sie den Projektmanager der Messe nach den Details.

Expertenprofil schärfen – Multiplikationseffekte nutzen

Mit *SlideShare* steht Ihnen eine hochkarätige Online-Plattform zur kostenlosen Verbreitung von Expertenwissen zur Verfügung. Ein idealer Multiplikator für Aussteller die sich zum Beispiel mit einem Fachvortrag am Messe-Rahmenprogramm oder einer Sonderschau beteiligt haben. *SlideShare* wird von Universitäten ebenso genutzt wie von Konzernen oder internationalen Beratungsgesellschaften. Durch die Partnerschaft mit LinkedIn, XING, Twitter und FreeConference.com werden zusätzliche Synergieeffekte geschaffen. (www.slideshare.net)

Guided Tours für Besucher

Einige Veranstalter wie zum Beispiel die Hannover Messe bieten geführte Besucher-Messe-Touren *(Guided Tours)* zu ausgewählten Ausstellern mit wichtigen Innovationen oder spannenden Exponaten. Für diese nach unterschiedlichen Themenschwerpunkten zusammengestellten Touren können Sie sich kostenpflichtig als „Partner" anmelden.

Eine andere Form der „Besucherführung" bietet die sogenannte *Red Carpet Route* der Hannover Messe. Hierbei handelt es sich um einen optisch hervorgehobenen Rundgang durch eine Schwerpunkt-Thema-Halle (z.B. Industrial Automation + Digital Factory). Auf diese Weise werden Besucher automatisch zu den Highlights der betreffenden Fachmesse geführt. Als Aussteller haben Sie die Möglichkeit verschiedene Pakete für diese Sonderwerbeform zu buchen. Allerdings sollten Sie auf die Buchungsfrist auf der Homepage des Veranstalters achten, denn die Plätze sind limitiert.

Beacon-Technologie – eine Idee mit viel Zukunftspotenzial

Unter Beacons versteht man elektronische Sender die Signale auf Bluetooth-fähige Mobile Devices (zum Beispiel internetfähiges Smartphones) senden. Der Smartphone-Besitzer wird mittels Push-Nachricht mit relevanten Informationen versorgt, sobald er einen bestimmten Standort erreicht. Sie kennen diese Technologie möglicherweise schon von Facebook oder Foursquare wo Sie an einem bestimmten Ort „einchecken" und sich so Informationen über ein Restaurant oder eine Sehenswürdigkeit auf Ihr Smartphone holen.

Das Gleiche lässt sich natürlich auch auf Messen übertragen. Für den Messebesucher dient diese Technologie als Navigationshilfe und persönlicher Newsfeed zugleich. Diese Technologie eröffnet Ihnen als Aussteller völlig neue Kontaktchancen. Potenzielle Kunden können individuell angesprochen und zum Stand navigiert werden. Anschließend können sie mit Hilfe von Beacons den Stand erkunden, Zusatzinformationen zu den Produkten erhalten und per App jederzeit um individuelle Beratung durch einen Mitarbeiter bitten – ein neuer Standard für die Interaktion mit Standbesuchern. Denkbar ist auch, dass Sie als Aussteller auf der Messe digitale Profile ausfüllen und im Internet bereitstellen. Diese Profile können Bilder, Videos, Text, Links oder sogar Dokumente (z.B. digitale Prospekte) enthalten. Während sich Messebesucher auf der Messe bewegen, sehen sie die Profile der Aussteller in der Messe-App, die sich im direkten Umkreis befinden. Andererseits hätten Sie die Möglichkeit Standbesucher, mit denen Sie kein Gespräch geführt haben, nach deren Besuch digital zu kontaktieren und so ins Gespräch zu kommen.

Da die Messegesellschaften zur Zeit noch mit vielen Zusatzangeboten für ihre Kunden experimentieren, kann ich an dieser Stelle keine Garantie für die Vollständigkeit oder tatsächliche Aktualität der beschriebenen Instrumente zum Zeitpunkt Ihres Bucherwerbs garantieren. Der Messemarkt befindet sich im Fluss, die Angebote variieren und werden ständig überarbeitet. Angesichts der neuen mit Sicherheit sehr Online-affinen Entscheidergeneration wird die Vernetzung von Offline- und Online-Angeboten jedoch massiv zunehmen und die Auswahl für Sie aus Aussteller immer interessanter werden. Dazu zählt dann sicherlich auch die eben vorgestellte Beacon-Technologie, die bereits von mehreren Messen erfolgreich getestet wurde.

Mit Web-TV die Reichweite Ihres Auftritts steigern

Als schnelles, multimediales und ständig verfügbares Medium bietet sich Ihnen das Web-TV. Die von Messeveranstaltern angebotenen Formate variieren zwar stark, zeichnen sich aber alle durch eine professionelle Herstellung aus. Außerdem sind sie für Interessierte sowohl während der Messe als Live-Medium sowie nach der Messe on Demand abrufbar. Das bedeutet, sowohl während als auch nach der Messe würden potenzielle Kunden auf Sie aufmerksam.

So können Sie über den *TV-Channel der Deutschen Messe AG* Ihre Aktivitäten wie Pressekonferenzen, Kongresse, Management-Vorträge, Preisverleihungen, Produktpräsentationen oder Impressionen vom Messestand live oder on Demand (Aufzeichnung) in das Internet (offizielle Messe-Website) übertragen.

Die *Münchner Messe* bietet Ihnen mit dem *messelive.tv* die Möglichkeit professioneller Vor-Ort-Interviews mit einem Ihrer Unternehmensvertreter sowie Neuheitenvorstellungen als Messe-FLASH-Format. Beide Formate sind auf der messelive.tv-Homepage, per iPhone/Smartphone oder auch bei YouTube abrufbar. Thematisch begrenzte Web-TV-Projekte wie zum Beispiel das *CeBIT-Studio Mittelstand* bieten Ihnen etliche Zusatznutzen wie

Tweeds oder Networking durch Twitter, Facebook und YouTube.

Auch die Zusammenarbeit mit B2B-Plattformen wie *media-TREFF (Vogel Business Media Würzburg)* bietet sich eventuell für Sie an. media-TREFF erstellt ausgewählte Experten-Webcasts von Branchenevents. Diese Beiträge sind ebenfalls nach der Messe on Demand auf der Plattform-Homepage abrufbar. Eine weitere Möglichkeit für die Internet-Präsenz während der Messezeit bietet eine *eigene Web-Kamera auf Ihrem Messestand*. Sie bringt den Messeauftritt live auf Ihre Homepage.

Die *Frankfurter Messe* bietet Ihnen die Möglichkeit, sich von einem *professionellen TV-Team* ein *Messe-Video* drehen zu lassen, welches Sie danach auf den unterschiedlichsten Plattformen einschließlich Ihrer Homepage oder Social Media-Kanälen nutzen können.

Da diese Angebote seitens der Messen ständig erweitert werden, empfehle ich Ihnen sich vor jeder Beteiligung über die aktuellen Möglichkeiten zu informieren.

Messezeitung

Die meist tägliche erscheinende Publikation im Zeitungsformat ist ein gängiges Informationsmedium für Ihre Fachbesucher. In der Regel wird Sie am Messeeingang kostenlos verteilt. Eine weitere Möglichkeit, potenzielle Kunden auf Ihre Beteiligung aufmerksam zu machen.

Werbung in Messehallen & auf Messegelände

Diese Werbeformen können Ihr Kommunikationskonzept sinnvoll ergänzen. Manchmal bietet sich auch die Chance einen Freiluftballon mit Ihrem Logo über dem Messegelände aufsteigen zu lassen oder Flaggen mit Ihrem Logo am Halleneingang zu platzieren. Allerdings sollte Ihnen bewusst sein, dass Sie mit diesen Instrumenten nicht gezielt Ihre Kernzielgruppe erreichen und somit erhebliche Streuverlust entstehen können.

Verkehrsmittel-Werbung

Diese Werbeformen wie zum Beispiel:

➜ Taxi-Werbung

➜ Werbung in öffentlichen Verkehrsmitteln

➜ Werbung an Flughäfen, Bahnhöfen etc.

sind extrem teuer und müssen langfristig gebucht werden. Außerdem beträgt die Mindest-Laufzeit in der Regel eine Dekade (10 Tage), d.h. Ihre Werbung startet bereits vor Messebeginn und/oder endet nach Messeschluss.

TV-Spots im Hotel

Diese Werbeform ist vor allem in angelsächsischen Ländern weit verbreitet. Hier bieten internationale Hotelketten TV-Spots/ Anzeigen für die Messedauer an. Nachdem viele Besucher vor allem aus Übersee vorzugsweise in den Ketten-Hotels der Messestadt übernachten, könnte dies eine interessante Gelegenheit sein, Ihre internationalen Zielgruppen zu erreichen. Am besten fragen Sie Ihren lokalen Hotel-Agenten nach entsprechenden Buchungsmöglichkeiten.

Messe-Nachbearbeitung – der Zeitfaktor entscheidet

Wie würden Sie sich fühlen, wenn Sie nach Ihrem Messegespräch wochenlang auf die versprochenen Unterlagen warten müssten? Sie würden dies vermutlich mit einer geringen Wertschätzung gleich setzen und annehmen, dass dieses Unternehmen nicht besonders an Ihnen als Neukunden interessiert ist. Und mit dieser Einschätzung liegen Sie richtig.

Spätestens bei der Messe-Nachbearbeitung wird schnell klar, welche Vorteile Ihnen ein integriertes, digitalisiertes Lead-Management bringt. Basierend auf dem festgelegten Procedere können alle Bearbeitungsschritte automatisiert ablaufen. Keine Diskussionen mehr, wer für was zuständig ist. Das Lead-Management folgt den zuvor festgelegten Arbeitsschritten wie zum Beispiel:

→ Zeitnaher Versand der Danke-E-Mails oder –Briefe mit den versprochenen Informationen, Unterlagen oder Links
→ Adressenabgleich mit CRM System
→ Kategorisierung der Messekontakte
→ Übergabe heißer Kandidaten an den Vertrieb
→ Nurturing übriger Kontakte bis zur Kaufreife

Messeleads kontaktieren, solange sie heiß sind

Jetzt zahlt es sich aus, wenn Sie die Erfassung der Messeleads digitalisiert haben. Vielleicht haben Sie sogar bereits die personalisierte Danke-E-Mail vom Back-Office auf der Messe verschickt? Damit hätten Sie sich einen gewaltigen Vorteil gesichert. Während Ihre Wettbewerber mühselig die Papierbögen eintippen und unleserliche Kommentare erst klären müssen, können Sie bereits mit den eigentlichen Aufgaben des Lead-Managements starten.

Adressenabgleich mit CRM System

Auf diese Weise schließen Sie Dubletten aus und aktualisieren Ihren Datenbestand. Gleichzeitig erfassen Sie neue Kandidaten für die weitere Leadbearbeitung.

Kategorisierung der Messekontakte

Als nächstes müssen Sie die erfassten Kontakte umgehend nach Qualität und Vertriebspriorität kategorisieren. Wenn Sie bei der Entwicklung des Leadbogens die BANT-Methode angewandt haben, müssten Sie jetzt ein ziemlich klares Bild von der Qualität des Besuchers (Budget, Entscheidungsbefugnis, konkreter Bedarf, Investitionszeitpunkt) haben. An dieser Stelle wird auch deutlich, warum es essentiell wichtig ist, dass Ihr Team den Leadbogen tatsächlich als Gesprächsleitfaden nutzt, und diese wichtigen Informationen für die weitere Lead-Bearbeitung in Erfahrung bringt.

Übergabe heißer Leads an Vertrieb

Für den Erfolg Ihrer Messebeteiligung ist es wichtig, dass sich Ihr Vertrieb in seiner Nachbearbeitung auf die aussichtsreichsten Messeleads Kategorie A konzentriert. Bei ihnen besteht akuter Handlungsbedarf. Ein Vorteil für Sie, wenn es Ihrem Team gelungen ist, mit diesen Personen bereits einen konkreten Nachmessetermin (Telefon oder persönliches Gespräch) zu vereinbaren. Es muss Ihnen gelingen, den Dialog mit diesen Entscheidern nahtlos fortzusetzen. Ich denke, jetzt wird auch klar, warum ein Urlaub nach der Messe kein Thema sein kann.

Übrige Kontakte reifen durch automatisiertes Nurturing

Die B- und C-Messekontakte durchlaufen Ihren zuvor definierten Nurturing-Prozess mit dem Ziel, diese mittel- bis langfristig ebenfalls in kaufbereite Leads umzuwandeln. Selbstverständlich muss auch dieser Prozess sehr zeitnah zur Messe gestartet werden damit diese Adressen nicht wieder kalt werden.

Messereport – wie war's?

Jetzt zeigen sich die Vorteile Ihrer digitalisierten Marketing-Automation. Noch nie konnte diese Frage so schnell, präzise und detailliert beantwortet werden. Während der Lead-Managementprozess im Hintergrund automatisch abläuft können Sie sich durch die digital erfassten Daten quasi auf Knopfdruck einen Eindruck vom vorläufigen Messeergebnis verschaffen.

Analyse Ihrer Vor-Messe-Aktivitäten

Da wäre zunächst der Erfolg Ihrer crossmedialen Messe-Einladungskampagne: Mit welchen Instrumenten (Inbound-Kampagne und Landingpage) wurden Messekontakte generiert? Wie viele Personen wurden analog und digital angesprochen? Wie hoch war die Responsequote? Wie viele Messetermine konnten vorab vereinbart werden?

Analyse der Besucher-Herkunft

Die Herkunft jener Besucher zu denen Sie vor der Messe keinen Kontakt hatten sollten Sie ebenfalls analysieren. Die Information hierzu (Frage im Leadbogen: „Wie sind Sie auf uns aufmerksam geworden?") lässt wieder Rückschlüsse auf die Wirksamkeit

Ihrer Inbound-Kampagne sowie Ihr Customer-Touchpoint-Konzept zu. Hierzu zählt selbstverständlich auch die Analyse Ihrer Social-Media-Aktivitäten. Auch Ihre Landingpage liefert Ihnen wichtige Aussagen für die nächste Messeplanung. Wie wurde sie genutzt? Woher kamen die Besucher. Welche Verlinkung war besonders erfolgreich? usw.

Falls Sie Zusatzangebote des Messeveranstalters gebucht haben, sollten Sie diese ebenfalls kritisch unter die Lupe nehmen. Wie viele Kontakte kamen über den virtuellen Messekatalog zustande? Gibt eine spürbare Resonanz auf Ihren Eintrag in der Branchenplattform? Welches Kontaktergebnis gibt es für das Match-Making-Programm usw. Haben Sie sich an geführten Besuchertouren durch die Messe beteiligt liefert Ihnen das Ergebnis wertvolle Informationen für Ihre künftige Messeplanung. Wurden durch Ihre Beteiligung an der Messe-Sonderschau oder einen Vortrag im Rahmenprogramm Leads generiert? Mit welchem Erfolg wurde die Multitouch-Präsentation eingesetzt?

Qualitative Analyse der Messegespräche
Das Zählen der ausgefüllten Leadbogen, wie bis heute häufig praktiziert, hat nur einen statistischen Wert. Er gibt Ihnen Auf-

schluss über das Zeitmanagement Ihres Teams sowie die Besucherfrequentierung während der Messe.

Viel wichtiger ist die qualitative Aussage der Daten. Basis hierfür sind Ihre vor der Messe vereinbarten qualitativen und quantitativen Ziele. Konnten Sie Ihre Kernzielgruppe(n) und die priorisierte Kundenkategorie erreichen? Wie hoch ist der Anteil kaufbereiter Leads? Welche Projekte sind im Markt in Planung? Aus diesen Informationen lassen sich bereits jetzt Wahrscheinlichkeitsberechnungen für den endgültigen Erfolg in ein paar Monaten am Ende Ihres Messeprozesses erstellen. Falls Sie bei dieser Analyse gravierende Abweichungen feststellen, sollten Sie die Gründe hierfür ebenfalls ermitteln.

Abhängig davon, welche Informationen Sie sich über den Leadbogen beschafft haben, erhalten Sie jetzt auch einen aktuellen Status-quo zu der Frage, wo Sie mit Ihrem Unternehmen im Vergleich zum Wettbewerb stehen. Können Sie Lösungen anbieten, mit denen der Markt nicht rechnet? Wollen unerwartet viele Wettbewerbskunden mit Ihnen ins Geschäft kommen? Worin ist diese Wechselbereitschaft begründet? Unzufriedenheit mit der Produktqualität, der Zusammenarbeit oder ist Ihr Lösungsansatz dem Wettbewerbsangebot einfach nur überlegen? Gibt es bisher nicht erkannte Probleme bei der Kompatibilität Ihrer Lösungen mit Wettbewerbsprodukten? Oder ist bedingt durch Ihre Produktmodifikation die Chance dafür sogar gestiegen? Sie sehen, der Informationsfundus des Leadbogens ist riesig. Stellen Sie sich bei der Leadbogen-Entwicklung einfach die Frage, was Sie, abgesehen von den zielabhängigen Punkten, interessieren und als Unternehmen weiter bringen könnte.

Was sagen Ihre Besucher?

Wenn Sie auf dem Messestand eine Besucherbefragung durchgeführt haben, müsste Ihnen das Ergebnis ebenfalls vorliegen. Für die Analyse gilt auch hier: Steigen Sie in die Tiefe ein. Mit zählen alleine ist Ihnen nicht gedient. Antwortet ein Besucher auf die Frage wie er zu Ihnen gekommen ist mit „zufällig" nennt Ihnen drei Fragen später jedoch als Messebesuchsgrund ein Problem, welches Sie lösen könnten, dann sollte Ihnen das zu denken geben. Er ist nicht gezielt zu Ihnen gekommen. In diesem Fall stellt sich die Frage was ihn dazu bewogen hat, Ihren Stand zu betreten? War es die Standarchitektur, die ihn neugierig gemacht hat? Eine Messeaktion? Was? Zumindest konnte er offensichtlich aufgrund Ihrer Aussagen oder Exponate nicht darauf schließen, dass Sie ein potenzieller Problemlöser sein könnten.

Was sagt Ihr Team?

Schlussendlich erhalten Sie aus dem Feedback Ihrer Kollegen noch wertvolle Informationen hinsichtlich der internen Vorbereitung sowie zum Auftritt. Lassen Sie sich von kritischen Anmerkungen nicht irritieren. Solange diese Hinweise konstruktiv sind, liefern Sie Ihnen zumindest Denkanstöße für Ihre nächste Beteiligung.

Feedback an das Team ist eine Managementaufgabe

Nichts ist frustrierender und demotivierender als ein harter Messeeinsatz, für den die Beteiligten kein Feedback zu dem absehbaren Erfolg erhalten. Deshalb: Stellen Sie die ermittelten ersten Ergebnisse kompakt zusammen und schicken Sie diesen Report mit einem großen Dank an das Team. Eine Messebeteiligung ist ein sehr komplexes Projekt, zumal sich Ihre Rahmenbedingungen angesichts der Digitalen Transformation vermutlich schon dramatisch verändert haben. Dies gilt vor allen Dingen dann, wenn Sie zum ersten Mal eine crossmediale Leadgenerierungskampagne realisiert haben oder Marketing und Vertrieb sich erst seit kurzem als Team verstehen. Betrachten Sie es als Lernprozess, in dessen Verlauf Sie Stück für Stück den gewünschten Erfolg erzielen werden

Fazit

Die Messe ist und bleibt für absehbare Zeit ein unschlagbares Marketinginstrument! Die digitale Kommunikation kann das haptische Erleben auf der Live-Plattform durch nichts ersetzen. Nutzen Sie die vielen Vorteile der Digitalen Transformation. Die duale Online-Offline-Leadgenerierungsstrategie eröffnet Ihnen wesentlich größere Kontaktchancen und macht Ihr Unternehmen sichtbarer als noch vor einigen Jahren denkbar!

Adressen für weiterführende Informationen

absolit

Dr. Schwarz Consulting

Spezialist für E-Mail-Marketing

www.absolit.de

AUMA

Verband der deutschen Messewirtschaft

Messedatenbank, Messekennzahlen u.v.m.

www.auma.de

X (iks) Institut für Kommunikation und ServiceDesign®

Forschung & Beratung zukunftsfähiger Services

www.dieserviceforscher.de

EXPODATA

Monatliches Fachmagazin zur Live Kommunikation

www.expodata.ch

Anne M. Schüller

Expertin für Customer Touchpoint Management und Empfehlungsmarketing

www.anneschueller.de

Zukunftsinstitut

Trend- und Zukunftsforschung

www.zukunftsinstitut.de

ROLAND BERGER GMBH

Studie „THINK ACT – The ditigal future of B2B Sales"

www.rolandberger.com

Roland Berger Strategy Consultants

Studie „Die digitale Transformation der Wirtschaft"

www.rolandberger.com

Bundesverband der Deutschen Industrie (BDI)

Studie „Die digitale Transformation der Wirtschaft"

www.bdi.eu

Autorin

Elke Clausen gilt seit 30 Jahren als ausgewiesene Spezialistin für B2B-Messen der Investitionsgüterindustrie. Vor ihrer Selbständigkeit als Messe-Consultant hatte sie als Senior Account Director und Sales Promotion Manager bei einer GWA-Agentur unter anderem siebenstellige Messebudgets zu verantworten.

In dieser Zeit sind ihr Zweifel an der Effizienz vieler Messebeteiligungen gekommen, da die immensen Investitionen selten hinterfragt wurden. Diese Erfahrung hat zu ihren Beratungsschwerpunkten Messeeffizienz, Potenzialanalyse, Vertriebsintegration in den Messeprozess und Messeprozess-Management geführt.

Basierend auf diesen jahrelangen Erfahrungen aus den unterschiedlichsten Perspektiven sind drei Fachbücher, Studien zur Vertriebseffizienz auf Investitionsgütermessen und Dozententätigkeiten bei diversen IHK's, HWK's, Euro-Info-Centern, der Hochschule Leipzig sowie an der University of Applied Sciences in Friedberg entstanden.

Mit diesem Buch startet die neue Messe-Fachbuch-Serie

„Auf Messeerfolg programmiert"

Der nächste Band mit dem Titel *„Effiziente Vertriebsplanung steigert Ihren ROI"* erscheint im April 2016.